KB068246

신뢰의 발견

신뢰의 발견

목영만 지음

RHK
알에이치코리아

이 세상의 모든 현상들은 이를 바라다보는 사람들의 시각이나 시선에 따라 제각각 달리 해석되어 받아들여진다. 공직을 바라다보는 시각 또한 당연히 천차만별이다. 긍정에서 혐오, 적대적 태도까지 극과 극을 달린다.

공직 내부에서도 스스로를 바라다보는 시선 또한 제각각이다. 많은 사람들은 지금 이들의 시선이 과연 바람직한 방향으로 맞추어져 있는지에 대해 의문을 제기하고 있다. 일부는 무언가 잘못된 방향으로 고착화되어 있다고 느끼고 있다.

공직자로서 자신이 몸담았던 공직을 향해 쓴소리를 한다는 것은 그리 유쾌한 일도, 썩 기분이 내키는 일도 아니다. 그러나 평생을 바쳤던 공간에 대한 어떠한 작은 소회도 남기지 않는다면 일종의 책임회피 같다는 생각이 들었다. 30여 년의 공직 과정에서 공직의 존재 이유에 대해 상사들로부터 들었던 기억이 거의 없었다는 일말의 자괴감과 안타까움이 앞으로의 후배들을 위해 이 글을 감히 용기 내어 쓰게 된 이유 중의 하나일 것이다.

대한민국이 출범하면서 거쳐간 수백 수천만의 공직자들은 공공의 업무에 종사하면서 수많은 정책을 생산하고 집행해 왔고 이와 함께 수많은 시행착오도 겪었다. 이러한 정책들은 때로는 국민들에게 삶의 용기와 이유를 북돋아주기도 했지만, 적지 않은 경우 국민의 시각에 성이 차지 않을 뿐 아니라 때로는 분노감마저 들게 하였다. 그 많은 정책들은 왜 국민의 가슴에 와 닿지 못했을까? 대부분의 공직자들은 공직을 천직으로 알고 나름의 공적 업무들을 열과 성을 다해서 노력을 쏟아 부었지만 왜 국민들은 이를 체감하지 못한 것일까?

이러한 의문은 누구든 공감하지만 그 원인과 해결책은 모두가 제각각인데다 답도 그리 명확하지 않아 나는 이것을 숙명적인 것으로 돌려야 할 일인지 답답하기만 했다. 공직에 평생을 발 담근 공직자의 한 사람으로서, 누군가가 원인을 밝혀내고 이를 치유하고자 하는 지속적인 노력들이 있어야 한다는 신조는 그냥 지나치기에는 힘든 까닭이기도 하다.

사실 어찌 보면 글을 세상에 남긴다는 것은 용기 이전에 의무이기도 하다. 한 사람이라도 이 글이 세상에 의미 있는 점을 하나라도 찍을 수 있다면 그것으로도 글에 충분한 가치가 있을 것이다. 이제 그 용기의 보따리를 내가 존재했던 공간에서 나 자신을 향한 외침으로 풀어보고자 한다.

목영만

목차

● 먼저 고함 ·· 4

────────────────────────────────────

1편 / 그것은 알고 있다

────────────────────────────────────

외로운 순백의 대리석 ······················· 12
적막한 휴일 ································· 16
한복을 입은 과거와 미래 ···················· 19
쟝 데르를 찾아서 ···························· 22
나뭇가지와 새 ······························· 27

────────────────────────────────────

2편 / 시선과 시각의 차이

────────────────────────────────────

우리는 보인다 ······························· 32
잠수교 ····································· 35
가로등의 비밀 ······························· 39
신호등의 경제학 ···························· 42
소피아의 눈으로 ···························· 45
지하 세계 ·································· 49
그림이 아름다운 이유 ······················· 53
종묘의 보여줌의 미학 ······················· 56
폐철도의 업사이클링 ························· 59
성공의 의미 ································· 66

3편 / 정부를 보는 눈

세 가지 중 하나 ································· 72

룰의 근원과 본질 ····························· 77

조직 개편의 진실 ····························· 82

부처 간 중복 업무 ··························· 85

불편한 진실 ································· 88

독임제의 폐단 ······························· 92

울타리에 갇힌 시선 ························· 95

유연한 조직 ································· 98

기관장의 역할 ······························· 101

우리 회의했어요 ··························· 104

법률과 시행령의 차이 ····················· 107

시행규칙, 조례, 조례시행규칙의 한계 ············ 111

4편 / 신뢰를 말하다

2014년 4월 16일 ····························· 120

공무원에 대한 신뢰 ························· 125

정부에 대한 신뢰 ··························· 129

신뢰를 좌우하는 변수들 ··················· 143

신뢰를 높이는 방안들 ····················· 147

채용의 중요성 ······························· 150

교육의 중요성 ······························· 156

정책의 일관성 확보 ························· 159

5편 / 신뢰의 현장 속으로

현장 속에 답이 있다 ··· 164

현장 마비 보고 체계 ··· 168

대형사고의 본질 ··· 171

요령 없는 사회 ··· 173

규제의 악순환 ··· 178

공적 간여의 요구 ··· 182

공적 간여의 참사 ··· 187

할 일, 말 일 ··· 190

전염병 제로 대처 ··· 193

솔선수범 충전소 ··· 197

님비 현상 해결 ··· 204

청계천에 흐르는 물 ··· 211

집이 있는 무주택자 ··· 217

소용없는 물가 지도 ··· 222

결과 없는 시장 활성화 ·· 225

가난한 부자 ··· 232

경쟁체제 물 흐리기 ··· 237

6편 / 작은 정부가 답이다

부서협업 ··· **244**

기관축소 ··· **247**

유연한 직업 분류 ·· **250**

중앙 부처 재정리 ·· **255**

늘이고 줄이고 ·· **260**

상시 조직 개편 ··· **263**

제3섹터의 운명 ·· **268**

본질을 생각하라 ··· **272**

상식을 생각하라 ··· **275**

과감한 개혁 ··· **279**

형식 종료 ·· **282**

다수결의 기본 ·· **285**

제2의 명예혁명 ·· **289**

선출직의 개혁 ·· **297**

공공성 인식 ··· **300**

다원주의의 힘 ·· **303**

● 부록: 정부의 미래 ··· **308**
● 글을 맺으며 ··· **312**

80년대 아줌마들의 마음을 잔잔하게 흔들었던 흘러간 노래, 그러나 아직도 미사리 언저리의 카페에서 나이 지긋한 여성분들은 그 노래를 들으며 혼자 훌쩍이기도 하는 노래가 있다. 바로 가수 김종환이 부른 〈존재의 이유〉라는 노래다.

그는 기나긴 무명의 시절을 보냈다. 서울에서 춘천 사이를 매일 출퇴근했으니 고생은 이루 말할 수 없었을 것이다. 무명가수가 수입인들 오죽했으랴. 고달픈 일상 속에서 그는 양평 어느 국도쯤에선가 한강으로 떨어지는 낙조를 바라보면서 생각했다. '나의 꿈은 이루어질 것인가.'

그런 절망감 속에서 그는 아내를 떠올렸다. 그래서 부른 노래가 〈존재의 이유〉다. 그의 존재의 이유는 아내에 대한 사랑, 아내의 존재 그 자체였던 것이다. 그가 존재하는 이유를 가슴 절절이 토해낸 가사들이 비슷한 처지의 아내들의 눈물샘을 자극한 것이다. 가수 김종환의 어려웠던 시절을 지탱하고 그를 존재하게 만든 이유는 그가 사랑하는 아내가 존재하고 있다는 사실 때문이었다.

그렇다. 모든 사람에게는 존재의 이유가 있다. 지금부터 존재의 의미라는 화두를 가지고 이야기를 풀어보고자 한다.

1편

그것은 알고 있다

외로운
순백의 대리석

· · ·

순백색의 우아한 건물, 국립현대미술관 과천관.
청계산 깊숙한 곳에 비밀 아지트처럼 자리한 우람한 자태를 뽐낸다.
한 청춘 남녀가 버스에서 내려 오솔길을 걸어와 대형 유리문 앞에 선다.

과천 서울랜드 뒤편 청계산 산자락에는 순백색의 장엄하고 우람한 건물이 있다. 바로 국립현대미술관이다. 그 전에 국립 미술관은 덕수궁 안 석조전에 있었다. 새로 지어진 과천의 국립현대미술관은 안에 전시된 미술품보다도 더 미려한 모습이다. 그곳을 찾는 사람들에게 더할 나위 없는 촬영 배경이 된 건물은 아시안게임이 있던 1986년에 지어졌다. 벌써 30년이 다 되어 간다. 그래도 백색의 대리석은 그곳을 찾는 사람들에게는 지금도 어김없이 아름답다.

존재의 이유는 사람에게만 있는 것이 아니다. 길가에 보이는 무수한 건물들, 가로수, 풀잎 하나에 이르기까지 모든 사물에도 존재하는 이유가 있다. 이 미술관의 존재의 이유도 당당하다. 모든 사람들에게 여가를 즐기게 하기 위함이다.

그렇다면 우리는 그곳을 어떻게 가고 있는지 살펴보자. 그곳을 가려면 자동차를 타고 가거나 어린이대공원역에서 내려서 택시를 타고 들어가야 한다. 전철역에서 일정 시간대로 운행하는 셔틀버스와 노선버스가 있긴 하다. 그러나 불편한 건 어쩔 수 없다. 하지만, 데이트 족들에겐 더할 나위 없는 공간이다. 접근하기 어려워 사람이 많지 않고 입구로 이어지는 청계산 자락은 호젓하게 데이트하기에 그만이기 때문이다. 그렇다면 그 건물은 데이트 족들을 위한 공간일까. 아마 설계할 때 국가에 하나 밖에 없는 국립현대미술관, 그러니까 시내 번잡한 곳에 두기 아까워 숲 속에 고이고이 모셔 놓기로 작정을 했나 보다. 아니면 당시 건립을 담당했던 문화 관련 공무원들이 생각하기에 국립 미술관이란 적어도 일반 시민들이 범접하기에는 너무도 신성한 장소라고 여겼을까. 아시안 게임을 앞두고 올림픽을 치르기 위해 이런 건물쯤 하나는 있어야 한다고 생각했을 만도 하다. 아니길 바라지만 어쨌든 국립현대미술관은 그곳에 지어졌고 지금까지 국립 미술관으로 자리매김하고 있다. 당시에, 1986년 훨씬 이전에 그곳에 입지를 정했겠지만, 어쨌든 당시 그 일을 담당했던 공직자가 그 건물의 존재 이유에 대해 조금만 고민했더라면 조금 더 편안한 입지 선정이 이루어지지 않았을까.

미술관은 휴일에 많은 사람들이 찾는 공간이다. 일상에 지친 시민들이 버스나 지하철을 타고 버겁지 않은 입장료를 내고 들어와 문화적 감흥을 얻는 장소이다. 일반 시민들이 쉽게 다가와 문화를 접하는 공간으로써 역할을 다할 경우에만 미술관이 공공 장소로써의 역할을 제대로 했다고 할 수 있다. 그렇지 않다면 이는 그저 콘크리트 건물에 불과한 것이다.

또 하나의 국립 미술관이 '덕수궁 미술관'이라는 이름으로 아직도 덕수궁 안 석조전 건물에 분관으로 자리하고 있다. 하지만 시민들에게 다가서기가 그리도 두려운지 덕수궁 담장 안에 꼭꼭 숨어 있다. 게다가 덕수궁 미술관에 입장하려면 최소한 고궁 입장료는 내고 들어와야 볼 자격이 있다. 당초 국립 미술관 본관이었던 덕수궁 미술관은 과천 국립 미술관 덕분에 분관으로 격하되었고 본관은 자랑스럽게도 그 지위를 당당히 누리고 있다.

이제 미술관이나 박물관이 공공 장소로써의 역할을 제대로 하려면 가장 사람들의 왕래가 많고 가장 번잡한 곳으로 끌어내야 한다.

세종로 네거리 인근으로, 세종문화회관 근처로 그것도, 어려우면 삼청동으로. 늦었지만 그나마 다행히도 2013년에 경복궁 옆 옛 기무사터에 국립 미술관 서울관이 완공되었다. 모든 건물은 그 존재 이유에 합당한 장소에 그만큼의 적정한 규모로, 그리고 그 존재 이유에 맞게 운영되어야 할 일이다. 그나마 분관이라도 가까운 곳에 버스타고 지하철 타고 걸어서 갈 수 있는 미술관이 우리에게 그 모습을 드러내 주어서 고마울 따름이다.

적막한
휴일

● ● ●

덕수궁 미술관, 서울대공원, 서울시립미술관, 시립박물관,
이 네 곳의 공통점은 무엇일까?

덕수궁 미술관은 덕수궁 안 석조전 건물에 있다. 서울대공원은 과천에 있고, 서울시립미술관은 구 대법원 청사 건물 내부를 리모델링해서 2000년 초에 오픈했다. 서울시립박물관은 구 서울고등학교 부지에 세워진 서울역사박물관이다. 서울 정도 600년을 기념해서 고건 전 서울시장이 심혈을 기울여 만든 건물이다. 여러분은 이 네 곳의 공통점을 알겠는가?

이곳은 많은 사람들이 찾는 장소다. 주로 주말에 가족 단위로 많이 방문한다. 토요일, 일요일, 공휴일에 시민들이 버스나 지하철을 타고 가장 많이 찾는 곳이다. 서울대공원은 휴일이면 아이들은 마냥 즐거움을 한껏 누리는, 아이들이 행복한 장소이다. 미술관, 박물관도 마찬가지다. 아이들이 방학 숙제하기 아주 손쉽고 접근 가능한 휴일의 공간이다.

이 네 곳은 바로 휴일에 평범한 시민들이 가족 단위로 자주 찾는 장소라는 공통점을 갖고 있다. 그 건물들은 이렇게 외치는 듯하다. "이곳은 많은 시민들이 찾아와야 할 장소입니다. 그런데 오후 6시면 어김없이 문을 닫는군요. 왜 그렇죠? 난 밤에 불을 밝히며 많은 시민들이 미술품을 감상하기를, 역사적인 물품들을 바라보며 여유로움을 만끽하기를 학수고대하는 데 말이죠."

이곳에 근무하는 사람들은 어떤가? 오후 6시면 어김없이 출입문을 꽁꽁 닫아 버리고 집으로 퇴근해 버린다. 누구를 위한 공간인지 알 수가 없다. 그곳에 근무하는 사람들은 그 건물이 존재하는 이유에 대한 고민을 최소한 한 번이라도 해 보았을까. 시민들이 퇴근 한 후,

공휴일에 가족들 손을 잡고 들르고자 생각하는 장소라는 사실은 왜 하지 않을까.

그렇다면 그 건물들이 존재의 이유에 합당하도록 운영하려면 어떻게 해야 할까? 시민들이 쉽게 찾아올 수 있는 시간에 문을 열어야 한다. 그리고 그곳에 근무하는 사람들은 근무시간을 시민이 많이 찾아오는 시간으로 변경해야 한다. 토요일, 일요일, 공휴일에 근무하고 평일 중 가장 시민들이 적게 찾아오는 시간을 택해서 쉬어야 한다. 이제 건물들의 존재 이유에 합당하도록 공무원들의 근무 시간을 대대적으로 조정해야 한다. 그래야 시민들이 행복해진다.

한복을 입은
과거와 미래

· · ·

서울 한복판이라도 '시청 앞'이라고 말하면 모르는 사람이 거의 없을 정도로
공공의 장소가 되어 있는 서울시청.
이제 그 건물, 시청 청사에 대한 이야기를 해볼까 한다.

시청 건물은 서울시 중구 태평로 1가 31번지라는 옛 지번 위에 일제가 1926년에 경성부 청사를 건립하였고 해방 이후에 계속해서 서울시 청사 건물로 사용해 왔다. (이제 이런 건 초등학생들도 다 알만한 사실이다.) 그 이후에 수차례에 걸쳐 서울시 청사 재건립 문제가 일제의 치욕스러운 통치의 상징물을 어떻게 처리하자는 논란과 함께 이어져 왔다. 결국 이명박 시장 시절인 2006년에 현 위치에 재건립 하기로 결정 났고 재건축이 추진되어 현재와 같은 한옥 처마 모양의 새로운 시청 건물이 완공이 된 것이다.

이제 건물의 역사적 배경을 떠나 보다 본질적인 질문으로 들어가 본다. 시청은 왜 존재하는 것인가? 누구는 역사성에 방점을 두어 우리나라가 잊지 말아야 할 교훈적인 건물의 상징으로 바라볼 것이고, 혹자는 서울의 랜드마크로써의 기능에 주안점을 두어 새로운 청사의 디자인에 대해 이런저런 품평을 한다.

그러나 시청이라는 건물의 본질적인 존재 이유는 시민에게 보다 나은 행정서비스를 제공하기 위해 근무할 공무원들이 일하는 공간이라는 사실, 그것이 그 공간, 그 건물의 존재 이유인 것이다. 가장 기본이다. 그런데 현실은 어떠한가?

가장 기본적인 존재 이유에 합당하려면 적어도 서울시 본부에 근무하는 공무원들의 전체 인원을 수용할 수 있어야 마땅하다. 그동안 십여 개 이상의 건물에 흩어져 근무하면서 빚어진 업무 비효율을 개선하고자 시도했던 것이 본래의 의도이다.

수천억의 예산을 들여 지은 건물이 이 의지는 어디로 갔는지 궁금

할 따름이다. 아직도 예전처럼 상당 부서들이 여러 곳에 흩어져 근무를 하고 있다. 왜 비싼 돈을 들여 건물을 새로 지었을까. 그저 안타까울 따름이다. 본말전도(本末顚倒)라는 말은 이럴 때 써야 하는 건 아닌지 모르겠다. 새로운 청사의 건물은 우선 그곳에 일할 사람들이 효율적으로 일할 수 있도록 구조적으로 갖추어져 있는지가 존재의 첫째 이유다. 그리고 나서 맨 꼭대기 층을 전망대로 활용하든, 콘서트 공간이나 시민 쉼터를 만들든, 그것은 첫 번째 존재 이유가 충족된 연후에 활용되어야 할 부차적인 것이다. 보기에 좋은 것들을 본질을 해결하지 않고 시행하는 것은 시민을 상대로 한 전시행정이다. 종속적인 것이 본질을 침해하는 경향이 일반 행정에까지 파고든 것은 아닌지 심히 염려스러울 따름이다. 지금도 날이 지면 시 청사는 거대한 어둠의 그림자를 태평로에 가식처럼 드리우며 본질을 감추고 있는 것만 같다.

쟝 데르를
찾아서

• • •

어려움에 처한 상황에서도 꼿꼿한 자세, 굳게 다문 입술,
결연히 정면을 응시하는 장 데르의 의연함은
지금 대한민국이 간절히 기다리고 있는 공직자의 모습일 것이다.

로댕은 프랑스 태생의 조각가이다. 〈생각하는 사람〉, 〈지옥의 문〉, 〈신의 손〉 등 우리가 익히 잘 아는 작품만 해도 셀 수 없이 많다. 그곳 칼레시청 뜰 앞에는 로댕이 제작한 작품 〈칼레의 시민〉이 있다. 개인적으로 가장 좋아하는 작품이다. 이 작품에는 공직자로서의 교훈이 깃들어 있어 재임 당시는 물론 지금까지도 매우 가슴 뜨거운 이야기로 간직하는 것 중의 하나.

1884년에 칼레시 의회는 백년전쟁 수백 주년을 즈음하여 로댕에게 작품 하나를 의뢰한다. 영국과 프랑스 간의 백년전쟁 과정에서 칼레시가 영국군에게 포위되었을 때 보여준 용감한 칼레 시민을 기리기 위한 작품으로, 칼레시를 구하러 죽음의 길로 떠나는 여섯 명의 시민들의 몸짓을 표현한 군상이다. 그 작품은 모두 열두 개가 진품으로 제작되었다고 하는데, 그 열두 번째 작품이 태평로에 있는 구 삼성 본관 건물 앞에 유리로 된 건물인 플라토 미술관에 '지옥의 문'과 함께 전시되어 있다.

그 여섯 명의 군상 중 유독 눈에 띄는 한 사람이 있다. 머리에 아무것도 쓰지 않은 채, 목에는 교수형에 쓰일 밧줄을 걸고, 양 손에는 성문을 열 열쇠를 움켜쥐고 입을 꽉 다문 채 천천히 그리고 결연히 맨발로 발걸음을 막 내딛는 사람. 그는 과연 누구인가.

때는 영국과 프랑스 간 백년전쟁(1337-1453)이 한참이던 1347년 영국 왕 에드워드 3세가 이끄는 영국군이 프랑스를 휩쓸고 드디어 프랑스 북부 도시 칼레시를 포위하는 상황에 이른다. 성안에 갇혀 저항하던 칼레시의 영주나 시민들은 이제 버텨낼 식량이나 물, 그리고 의지마저도 바닥이 드러나고 있다. 이제 칼레시의 시민들은 끝까지 저항하다 죽음을 맞이하던가, 아니면 항복함으로써 삶을 구할 것인가의 기로에 선 것이다. 결국 칼레시 영주는 항복하기로 결정하고 항복을 구하는 사자를 에드워드 3세 앞으로 보낸다. 그 앞에서 항복을 구하자 에드워드 3세는 이렇게 말한다.

"좋다, 항복을 받아들이겠다. 하지만 그동안 끝까지 저항한 것에 대한 책임은 누군가 져야 할 것이다. 칼레 시민 중 최소한 여섯 명의 목숨을 내놓아야 한다. 그러면 포위를 푸는 자비를 베풀 것이다." 이러한 소식은 곧 성안에 갇혀 있던 칼레 시민들에게 전해진다. 성안은 드디어 포위가 풀려 살아날 수 있다는 안도감과 함께 항복하게 되었다는 굴욕감과 자괴감으로 술렁인다. 곧이어 누가 그 희생의 대가를 치러야 하는지에 대한 불안감과 함께 묘한 침묵이 흐른다. 과연 누가 칼레 시민을 대신하여 죽음의 대가를 치를 것인가.

나는 아닐 것이라는 기대감이 나일 수도 있다는 불안감으로 바뀌면서 침묵의 무거움이 시민들의 목덜미를 파고든다. 잠시 후 물을 끼얹는 듯 고요한 적막을 깨고 누군가 자리에서 일어난다. 옷자락이 스치며 허공을 가르는 소리는 한 순간의 미동에 불과했지만 큰 파동이 되어 시민들의 눈을 통해 뇌로 전달된다. 그는 칼레시에서 제일 부유한 사람, 바로 외슈타슈 드 생 피에르였다. 돈이 제일 많은 사람이 스스로 죽음으로 가는 길을 택한 것이다. (사람들은 이 이야기를 통해 노블레스 오블리제를 말한다. 가진 자, 힘 있는 자, 혜택을 받은 자의 사회적 책무 말이다.)

외슈타슈 드 생 피에르 뒤를 이어 조용히 자리에 일어선 사람이 있었다. 그는 칼레시의 공무원 쟝 데르였다. 그의 양손에 들려져 있는 성문 열쇠는 그가 공직자임을 나타내고 있다.

여러분도 그 군상을 한번 들여다본다면 그를 금방 찾아낼 수 있을 것이다. 굳게 다문 입술에는 곧 죽음의 길로 떠나는 결심이 한 점 후회도 없는 듯하다. 더 이상의 망설임도 없다. 결연하지만 드러나지 않는 그의 눈빛은 가슴 뭉클하게 감동으로 다가온다.

사실 로댕이 조각한 죽음의 길로 떠나는 여섯 명의 군상들은 최후의 순간에 임박한 다양한 인간의 내면을 보여주고 있다. 외슈타슈 생 피에르는 담담함을 넘어 흔들리는 다른 4명의 동료들을 다독거리며 추스르는 데에까지 이르러 그의 표정에는 단 한 점의 죽음에 대한 공포나 두려움도 보이지 않는다. 쟝 데르는 굳게 다문 입술에 죽음으로 가는 길에 자원한 결연함이 묻어 있다. 살짝 의연함을 의도적으로라도 내비치려는 듯 한 눈빛은 처연하기까지 하다. 하지만 그의 똑바른 몸짓에 숨어있는 알 수 없는, 그러나 곧 다가올 죽음이라는 공포의 그림자를 지울 수는 없다. 약간은 떨리는 듯한, 그의 몸의 반응을 억지로라도 억누르려는 듯 몸에는 긴장이 서려있다. 어쩔 수 없는 인간의 표정이기에 더욱 아련하게 다가온다. 자기 손으로 굴욕의 상징이요, 항복의 문장인 성문 열쇠를 적장에게 넘겨야 한다는 자괴감도 얼굴에 스치듯 일어난다. 그래서 그가 더 인간적인 모습일지도 모른다. 바로 그가 보여주는 모습이야말로 공직자들이 한 번쯤 되새겨보아야 할 정신이다.

그와 유사한 상황이 실제 우리나라에서 일어난다면 한국의 공직자 중 누가 쟝 데르와 같이 행동할 수 있을까. 이 이야기에서 얻고자 하는 교훈은 실제 쟝 데르처럼 그런 자세를 가지고 공직에 임하기를 기대하는 것이다. 아니, 단 한 번만이라도 그런 생각을 공직자들이 할 수 있도록 분위기를 만들어야 한다.

현 공직의 문제 중의 하나는 자기를 희생하는 희생정신을 키우기는커녕 희생한다는 생각 자체가 어리석은 것이라고 받아들이는 데 있다. 공직자의 본분이 무엇일까 하는 의문마저도 생기지 않는 공직자들이 존재한다는 데 문제의 심각성이 있는 것이다. 그들의 지식이나 배움이 부족해서일까? 본성이 본디 그러한 생각을 할 수 조차도 없는 지경이라서 그런가?

둘 다 아니다. 공직 조직의 전체적 분위기가 그런 생각을 할 수 없도록 만들어져 있다는 데에 문제가 있다. 공직을 시작하는 초년기에는 각종 교육 등을 통해 공직관에 대한 교육이 엄격하게 이루어지만 실제 대부분의 시간을 보내는 업무 현장에서는 그런 대화가 사실상 실종됐다. 안타깝게도 그것은 엄연한 사실이다. 내 경험을 비추어 봐도 그렇다. 공직 생활 31년간 업무 공간이나 비공식 모임 등에서조차 단 한 번도 공직자의 삶이 어떠해야 하는지, 어떤 마음가짐을 가지고 공직에 임해야 하는지 들어본 기억이 거의 없기 때문이다.

그렇다면 공직자 중 한국판 쟝 데르는 없을까? 아니다. 분명 공직 사회 도처에 쟝 데르는 존재하고 있다. 다만, 쟝 데르 같은 존재들이 주류를 형성하지 못한다는 데에 문제의 심각성이 있다. 그런 사람들이 공직 사회에서 주류를 형성하게 될 때가 비로소 공직의 존재 이유가 국민들로부터 인정받고 사랑받는 시기가 되지 않을까 한다.

나뭇가지와 새

(민귀군경)

• • •

공직에 부임할 때는
새가 날아와 나뭇가지에 잠시 머물다 가듯이 하라.

맹자의 서론에 나오는 초장하(草章下) 편에 나오는 '민귀군경(民貴君輕)'이라는 이 말은 맹자의 전 편을 아우르는, 헌법 전문과 같은 통칙으로써의 의미다. 원문은 '민위귀(民爲貴), 사직차지(社稷次之), 군위경(君爲輕),' 현대적으로 해석하면 '권력은 이를 위임해준 국민을 위해 사용될 때만이 정당하다' 정도가 될 것이다. 굳이 군(공직자)의 가벼움을 강조하는 것은 실제는 공직자들이 그렇게 생각지 않고 있음을 역설적으로 표현하고 있기도 하다.

공직자에게 주어진 권한은 그 직을 맡은 동안 잠시 위탁 받은 것이다. 말은 간단하지만 왜 맹자가 누누이 민(국민)은 귀하고 군(공직자)은 가볍다고 강조했을까. 수많은 공직자들이 그렇게 본인이 가벼운 존재라는 것을 알아차리지 못하고 자기에게 주어진 권한이 자기에게 영속된 고유권한이라고 착각하기 때문일 것이다.

현직에 있어 어느 권한을 갖게 되면 통상 그것이 본인 고유의 권한인 것처럼 착각한다. 그래서 그 권한의 일부를 자기 자신을 위해 사용한다. 그 권한이 자기에게 영속될 것이라 생각하기 때문이다. 결국 그 권한은 자기 자신을 위해 사용한 만큼의 책임을 지게 된다. 그런 사실을 나중에야 깨닫게 된다는 사실이 안타까울 따름이다. 어쩌면 이것은 다행일지도 모른다. 나중에 책임을 지고 있으면서도 본인의 권한 사용의 귀책사유가 본인 자신에게 있다는 사실조차도 모르는 경우가 허다하기 때문이다

행정부 공무원이든, 입법부 공무원이든, 사법부의 공직자이든, 공공 업무를 수행하는 모든 공직자들은 이유를 불문하고 자기에게 주

어진 권한은 잠시 한정된 기간 동안 임시로 맡았을 뿐이라는 사실을 항상 가슴에 새겨야 한다. 권력이나 권한은 사용하는 만큼 사용한 사람에게 비수가 되어 되돌아온다. 그러기에 권한을 사용하는 자는 예외 없이 그 권한을 자기 자신을 위해 털끝만큼도 사용됨이 없도록 경계하고 또 경계해야 할 것이다.

그래서 다산과 맹자는 공직을 깃털처럼 가볍게 여겨야 한다고 말한다. 자기 자신의 것이 아닌 여행자가 여관에 머물 듯 그렇게 그 직에 머물러야 하는 것이다. 새가 계절에 따라 서식지를 이동하듯, 허공을 날다 가지에 잠시 내려와 앉은 후 다시 그 가지를 떠나가듯 그렇게 가벼이 그 직을 여겨야 한다. 그래야 백성이 국민이 편안해진다. 공직은 그들의 것이 아닌 국민의 것이다. 잠시 머물다 가는 직위인 것이다.

현재 공직에 있는 분들에게 권하고자 한다. 어떻게 하면 이를 실천할 수 있는지를 말이다. 항상 퇴근 무렵 내일 그곳을 다른 사람에게 비워주듯이 책상을 깨끗하게 정리하자. 개인 물건은 사무실에 두지 말자. 개인 물건이 공적인 공간에 놓인 순간 그 공간은 더 이상 순전한 공적 공간이 아닌 것이다. 지금 당장 그곳을 떠나듯 책상을 깨끗이 정리하는 마음은 그 공간의 의미를 새롭게 인식하게 만드는 하나의 방법이다. 매일 매일 그 공간과 이별해야 한다. 개인의 욕심을 책상을 정리하면서 같이 정리해야 한다. 그것이 공적 공간에 사적인 마음을 비우는 방법일 수 있다.

우리는 일반적으로 보이는 것만을 믿고 그것을 전부라고 생각한다. 모든 사람들이 그렇다고 일반화하기는 어렵겠지만, 대부분의 사람들은 보이는 것에서 머물러 있다. 그것이 어쩌면 당연한지도 모른다. 그렇지 않다면 그는 비범한 사람의 범주에 들어갈 것이다. 모든 공직자들이 이 비범함의 범주에 들어가도록 끊임없이 자기 성찰을 게을리 하지 말아야 한다.

시선을 달리하면 이전에는 보이지 않던 것들도 보이기 시작한다. 공직자들의 시선은 항상 쌍방향이어야 할 이유가 여기에 있다. 국민을 다양한 시각으로 바라보아야 하는 것은 공직자의 자세 이전에 의무이기도 하다. 더욱 경계해야 할 것은 국민들이 공직자를 바라보는 시선도 항시 잊지 않아야 한다는 것이다. 국민의 시선이 정부의 신뢰를 좌우하기 때문이다.

2편

시선과
시각의 차이

우리는
보인다

시선은 상대적이다.
국가가 국민을 바라보는 시각과 국민이 국가를 바라다보는 시선이 다르다.
비극이지만 그렇다고 좁힐 수 없는 것은 아니다.

18세기 영국의 정치철학자이며 그 이외에도 다방면에 걸쳐 다재다능했던 제레미 벤담(Jeremy Bentham, 1748-1832), 그는 공리주의를 내세운 철학가로 우리에게 너무나 익숙한 사람이다. 벤담은 43세 때인 1791년에 본인이 영리사업을 운영할 목적으로 원형감옥을 설계하여 영국 정부에 제안했으나 거절을 당한다. 정치철학자가 새로운 방식의 감옥을 설계해서 실행할 것을 제안했다는 사실은 좀 의아하기도 하지만 그 내용을 들여다보면 깊이 생각할 부분이 있다.

벤담의 새로운 형태의 감옥 '판옵티콘(Panopticon).' 이 이름은 그리스말로 PAN(all)과 OPTICON(see)의 합성어다. 즉, '모두 본다'라는 말이다. 당시는 전기가 발명되기 전이었으므로 제레미는 햇빛을 이용한 시선의 구조를 기획했는데 콜로세움처럼 원형의 건물을 만들고 외곽 둘레에 창을 하나 가진 방을 빙 둘러 배치시키는 구조다. 물론 외곽 원형의 방들에는 각각 죄수들이 갇혀있게 된다. 그리고 중앙부에는 원형의 탑이 세워져 있어 간수들이 눈만 돌리면 원형 외곽의 방에 있는 죄수들의 일거수일투족을 모조리 감시할 수 있도록 설계하였다. 물론 명암의 차이 때문에 바깥쪽의 죄수들은 안쪽 원형 탑에 있는 간수들을 볼 수가 없는 반면, 간수는 죄수방의 밖으로 면한 창으로 들어오는 빛 때문에 죄수들의 행동을 하나도 빠짐없이 감시할 수 있는 것이다. 기발한 발상이다. 그는 죄수와 간수의 시선의 불일치를 감옥에 적용한 것이다. 현대적으로 말하면 CCTV쯤 될 것이다. 지금은 모든 감옥에 CCTV가 설치되어 있는지는 알 수 없으나 감시라는 방식을 도입한 것은 마찬가지 원리다. 상대방은 보지 못하지만 나는 볼 수 있다는 시선의 차이를 활용한 기법인 것이다. 사실 판옵티콘은 빅브라더 사회에서의 감시로 인한 자기통제를 규율로 내재화시킨다는 의미로 인용되고 회자되는 말이지만 나는 그 시선의 차이에 방점을 두고자 한다. 시선의 불일치, 시선의 차이, 시각의 차이, 바로 이것이 얼마나 중요한지 지금부터 이야기를 풀어가고자 하는 주제이다.

사람들은 자기를 들여다보는 데 익숙하지 않을뿐더러 실제로 정확히 들여다 볼 수도 없다. 아니 자기 자신을 보려고 시도하지도 않고 사는 사람들이 대부분이다. 더군다나 자기의 시선이 아닌 다른 사람의 시선으로 자기 자신을 보는 것은 쉽지 않은 일이다. 시선의 차이는 물리적인 방향의 차이이지만 한발 더 나아가 시각의 차이는 인식의 차이다.

사람들은 어느 조직에 갇히면 그 조직의 논리, 즉 진영의 논리에 갇히고 만다. 더욱 심각한 것은 그 조직 논리에 함몰되어 다른 조직 이외의 시각이나 시선이 존재한다는 사실조차 인식하지 못한다는 데 있다. 일반인들이야 그 부분은 전적으로 본인의 역량이자 책임이자 본인 스스로가 감당해야 할 몫이라고 치부할 수 있지만 공공 조직에는 이야기가 달라진다. 공공 부분에서의 시각의 차이를 인지하지 못한다는 것 자체는 국가에 큰 불행이며 위해로까지 다가올 수 있는 요인이 되는 것이기 때문이다.

잠수교

● ● ●

잠수교는 일 년에 한두 번은 꼭 잠긴다.
잠기는 것을 알고도 만들었다.
왜 그랬을까?

잠수교 이야기로 시작하고자 한다. 지금은 하루에도 수 많은 차량들이 오가는 잠수교, 우선 퀴즈 하나 내보겠다. 잠수교는 그 위를 지나가는 반포대교보다 먼저 건설되었을까, 나중에 건설되 었을까? 정답은 '잠수교가 먼저 건설되었다'다. 얼핏 생각하면 반포 대교가 건설된 후 교통량 증가로 복층의 다리를 아래에 놓았음직 도 한데 사실은 잠수교가 1976년, 반포대교는 그보다 6년이나 늦은 1982년에 건설되었다.

잠수교는 1년에 한두 번 홍수가 나서 한강 수위가 상승했을 때 항 상 잠기도록 설계되었다. 실제로 비가 많이 오면, 한강 상류지역에서 한강으로 흘러 드는 불어난 수량을 한강의 가장 하류에 위치한 팔당 댐의 방류량 조절로 한강물의 수위가 결정된다.

서울의 강수량과는 관계없이 한강 상류지역의 강수량에 의해 한강 하류의 수위는 결정되는 것이다. 그러한 한강 수위에 가장 큰 영향을 미치는 것이 팔당댐의 방류량이다. 따라서 결국 한강 수위는 한강홍 수통제소 근무자의 판단에 달려있는 셈이다. 조금이라도 늦게 팔당 댐 방류량을 결정하면 상류지역에 문제가 생길 것이고, 너무 빨리 팔 당댐 방류량을 증가시키면 하류의 수위가 높아져 미처 대비할 틈도 없이 한강 하류가 잠길 것이다. 그래서 팔당댐 방류량 결정은 한강 하류의 수위를 결정하는 근무자의 과학적 판단이 아주 중요한 요소 다. 아주 과학적으로 한강 상류지역의 강수량을 정확히 예측해서 방 류량을 결정해야만 하는 것이다.

이런 팔당댐의 방류량 증가로 잠수교는 잠긴다. 잠기도록 설계되어 있다. 왜 그렇게 했을까? 잠수교를 설계할 당시는 1970년대 초반, 정확히 1975년이다. 한강개발이 본격적으로 시행된 것이 1981년이니 한강개발에 대한 생각조차도 하기 훨씬 전의 일이다. 우리가 흔히 말하는 '한강의 기적'은 1981년에 수립된 한강종합개발계획을 두고 하는 것이다. 이야기를 본격적으로 진행하기 전 한강종합개발계획을 잠시 들여다보자.

　1981년 9월, '88 서울올림픽대회' 유치가 결정된다. 국가적으로 준비해야 할 과제들이 아주 많았다. 우선 경기를 치를 수많은 경기장 건설은 물론, 최초로 세계인에게 서울을 선보이는 국제행사이기 때문에 도시를 새롭게 단장하기도 해야 했다. 그렇게 하려면 엄청난 돈이 필요했지만 그 당시의 1년 정부 예산이 고작 10조에 불과했으니 예산으로 충당하기에는 어불성설. 고민 끝에 한강 개발을 생각하게 된 것이다. 1981년 10월 23일, 당시 대통령은 '서울 지역 내 한강의 골재와 고수부지 활용방안을 검토할 것'을 지시하였고, 이에 따라 '한강종합개발계획'이 수립되었다. 이 사업은 1982년 9월 28일에 기공식을 시작으로 1986년 9월 10일에 완성되었는데, 이를 통해 현재의 강변북로와 올림픽대로가 탄생되었고 그 주변의 환경이 오늘날처럼 변모하게 된 것이다. 총 사업비가 9,560억 원, 동원된 인원이 연 420만 명, 포크레인 등 동원된 장비만 해도 100만 2천 대가 넘었다. 공사비 가운데 1,962억 원은 한강에서 파낸 골재를 팔아 충당하였고, 하수처리시설에만 5,427억 원의 공사비가 투입되었다. 실로 어마어마한 대 역사가 이루어지는 순간이었다. 이러한 현재의 서울의 모습이 이루어지게 된 계기가 한강종합개발계획이다.

그러나 그 계획이 만들어지기 5년 전 당시 잠수교 건설이 계획되었다. 따라서 그 건설 동기는 달랐다. 통행량 증가에 따른 강남과 강북 연결 교통수단이라고 생각하기 쉽겠지만, 사실 안보상의 이유였다. 유사시에 주요시설이 밀집된 강북에서 강의 남쪽으로 이동하기 위한 군사상의 개념으로 진행된 것이다. 그래서 당시에는 '안보교' 라고도 불렸다. 당시 잠수교 건설을 둘러싸고 건설 실무자 사이에서 논쟁이 벌어진다. 대부분의 관련자들은 통상적인 다리 건설 방식 즉, 홍수 수위 이상으로 교각을 세우고 거기에 상판을 놓는 거더교 (Girder Bridge) 방식을 주장한다. 다리란, 물에 잠겨서는 안 된다는 통념에 입각한 지극히 당연한 주장이다. 그때 실무자 한 사람이 이의를 제기하였다. 한강에 홍수는 고작 1년에 한두 차례 많아야 두세 차례에 불과하니 다리를 사용할 수 없는 2~3일만 제외하고 360일 이상을 쓸 수 있으니 예산을 적게 들이는 낮은 교각 방식으로 세울 것을 주장한 것이다. 다리의 건설은 물을 건너는 데 있다는 상식을 뒤집은 것이다. 일 년에 두세 번 물에 잠겨 다리의 기능을 하지 못하더라도 그 날을 제외하고는 다리 기능을 충실히 수행할 수 있다는 데에 착안한 것이다. 상식을 위해 상식을 파괴할 수 있는 생각이 그만큼 돋보이는 사례다. 교각의 바라다보는 시각을 다른 사람들과 다른 시각으로 바라다 본 시각의 차이에 기인한 결과물이다.

가로등의
비밀

• • •

보행자나 자동차가 안전하게 갈 수 있도록 길을 환하게 비추어 주는 가로등.
그 가로등 불빛은 우리에게 그들의 존재 이유를 말하고 있다.

상식이 더 이상의 상식이 아닌 것은 다음의 사례에서도 읽어낼 수 있다. 우리가 흔히 길에서 마주치는 가로등. 그 가로등은 여러 가지 점을 시사한다. 우리는 통상 가로등 하면 자동차 도로와 보행자 도로 사이에 수직으로 서있는 기둥과 그 기둥의 끝부분에 등이 달려있는 모습을 떠올린다. 아니면 다리 난간 위에 솟아오른 가로등이 머리에 떠오를 것이다. 가로등이라고 하면 기둥이 있고 그 기둥의 끝 부분에 전등이 달려 있어야 상식적인 가로등의 모습으로 다가오기 때문이다. 대부분 그렇게 가로등의 이미지를 상상할 것이다.

하지만 꼭 그렇지는 않다. 기둥이 없는 가로등도 있기 때문이다. 유럽의 오래된 도시, 특히 오스트리아 지방의 폭이 좁은 도로의 가로등은 기둥이 없다. 건물과 건물 사이에 일정한 높이의 건물 벽면에 빨래 줄처럼 전선을 연결하고 그 중앙 부분에 등을 매달아 놓는다.

우리는 일상생활에서 흔히 보이는 가로등을 보면서 우리는 무의식적으로 가로등에 대한 정의를 내린다. 가로등은 기둥 위에 매달린 전등이라는 식으로 가로등이라는 단어를 해석하고 이해한다. 그 본질과는 전혀 달리 말이다. 가로등의 본질은 길을 밝혀주는 데에 있다. 도로를 주행하는 차량이든 보행자든 주행과 통행에 지장이 없도록 길을 밝혀주면 그것으로 가로등은 그 기능이 충분히 하고 있는 것이다. 그렇다고 해서 그 기능이 본질을 나타내는 유일한 범주는 아니다. 하지만 본질을 도외시한 기능을 갖는 사물은 본래의 존재 이유를 벗어난 것일 수 있다.

존재는 그 사물의 가치의 발현이다. 본래의 가치를 상실하거나 그

가치가 흐려진 상태로 존재하는 것은 그냥 있는 것이지 존재하는 것이 아닐 것이기 때문이다. 존재의 의미는 그래서 중요하다. 그래야만 가로등의 제조나 설치하는 입장에 있는 사람이라면 어떻게 하면 더 효율적인 전등을 만들 것인지에 집중할 것이고 기둥 부분은 더 가볍고 가늘게 만들 것인가를 고민하고 집중하여 연구할 것이기 때문이다. 창조적 파괴가 가능한 것이다. 가로등 제작비용의 상당 부분은 전등이 매달리는데 필요한 기둥을 만드는 데 들어간다. 본래의 기능에 충실하려면 기둥이 아예 없는 가로등이 만들어져 설치되거나 기둥이 필요한 경우 필요최소한으로 공간을 차지하도록 설계되고 제작될 뿐 아니라 비용의 상당 부분이 불을 밝히고 유지하는 데 효율적인 등을 만드는 데 투자되어야 할 것이다.

시선을 달리하면 그 사물의 본질을 정확히 읽어낼 수 있다. 그래야만 본질에 충실한 창조적 파괴가 가능하다. 창조적 파괴는 발전의 원동력이기 때문이다.

신호등의
경제학

• • •

질서는 그 나라의 선진화를 나타내는 지표이기도 하지만
돈을 절약하는 가장 확실한 방법이다.

교통 표지판 중에는 '정지' 표지판이 있다. 빨간 팔각형 안에 흰색으로 '정지(STOP)'라고 쓰여 있는 교차로 교통표지판이다. 차량 통행이 그리 잦지 않은 좁은 길의 교차로나 학교 앞 교차로 등에 주로 설치되어 있다. 그 통행규칙은 딱 두 가지다. 하나, 교차로에 진입한 차량은 예외 없이 정지선에 정차한다. 둘, 먼저 교차로 정지선에 진입한 차가 먼저 출발한다. 지켜지기만 한다면 가장 안전하고 가장 저렴한 방법이다. 선진 외국의 골목길에서는 아주 보편적인 이면도로 교차로 통행방식으로 자주 눈에 뜨인다.

그러나 우리나라에선 쉽게 보기 힘든 교통시설물 중의 하나이다. 왜 그럴까? 사실 우리나라는 웬만한 이면도로에도 교통신호등이 설치되어 있다. 신호등 천국이다. 그런데 이면도로에서 대부분의 차량들이 신호를 지키는 경우도 별로 없어 보인다. 그 비싼 비용을 들여 설치해 놓았는데도 말이다. 그래서 또 새로운 시설물 하나를 더 설치한다. 바로 신호위반을 단속하는 CCTV다. 교통신호등은 가로등처럼 신호등을 세우기 위한 기둥을 세우는 비용이 가장 크다. 공간도 많이 차지하고 도로 폭이라도 넓히려면 또 이설 비용이 들어간다.

이런 악순환이 반복되는 이유는 질서를 지키지 않는 사회적 비용 때문이다. 질서가 바로 돈이자 시간이자 비용이다. 규칙을 정해놓고 지키는 것, 신뢰의 효용성은 그 값이 무한하다. 정지 표지판처럼 단돈 몇십만 원이면 만들 수 있는 규칙의 징표를 수억 원의 교통신호등으로 대체하고 그것도 모자라 CCTV를 설치하고 이것을 운영할 인력이 없다고 또 인력을 충원한다. 불신의 악순환이다. 이는 비용의 악순환도 수반한다. 시설이 시설을 낳고 불신이 불신을 낳고 있다.

가로등의 존재 이유는 길을 밝혀주는 데 있듯이, 교통시설물은 몇 십 초 후에 파란 신호가 빨간 신호로 정확히 바뀌는 데 있는 것이 아니고 서로 지키기로 한 교통 관련 약속을 지키는 데 있다는 사실을 망각하기 때문에 이런 악순환이 되풀이되는 것이다. 역설적으로 교통시설물을 최소화하는 것이 교통질서를 바로잡는 것일 수도 있다. 이면도로에 설치된 신호등이 정지 표지판으로 대체되어도 더 안전하게 교통이 되는 사회, 그것이 바로 우리가 달성하고자 하는 선진사회이자 신뢰사회인 것이다.

소피아의
눈으로

- - -

세계 3대 악처 중의 한 사람으로 톨스토이의 부인 소피아 베르스가 꼽힌다.
소피아의 눈으로 바라본 톨스토이는 어떤 사람일까?
어쩌면 우리가 알고 있는 진실도 달라질 수 있다.

소피아는 러시아의 대 문호 톨스토이의 아내다. 평생을 톨스토이와 함께 살았지만 세간에는 일명 악처로 소문이 난 그런 여자였다. 평생을 톨스토이와 함께하며 11명의 자녀를 낳아 길렀고, 악필인 남편이 쓴 글을 일일이 알아볼 수 있도록 정서했다는 아내. 그러나 톨스토이가 말년에 가출을 하면서 그만 톨스토이 숭배자들로부터 악처로 낙인이 찍힌 기구한 운명의 여인. 그런 소피아의 눈으로 톨스토이를 들여다보자.

톨스토이는 1828년 남러시아 야스나야 폴랴나 근처에서 명문 백작이자 대 농장주의 아들로 태어났다. 당시 러시아는 제정 러시아 시절로 경제 기반은 장원제도에 의존하였다. 즉 왕족이나 귀족들이 대규모 농장을 소유하고 있고 농업 생산을 담당하는 사람들은 농노로서 노예와 같은 삶을 살았던 전형적인 봉건주의 시대였다. 그러한 농장주의 아들로 평범한 일상을 살고 있었던 톨스토이. 카잔대학에 다니던 중 기존 교육제도에 염증을 느껴 고향으로 돌아온 뒤 영지 내의 생활을 하면서 많은 작품을 저술한다. 〈전쟁과 평화〉, 〈부활〉, 〈안나 카레리나〉 등등.

톨스토이는 부유한 환경 속에서 자랐지만 늘 금욕주의와 절제, 그리고 고통 받는 약자의 입장에서 세상을 보려고 노력했던 당시의 지성인이었던 것은 확실한 것 같다. 그의 이러한 관심은 급기야 사회운동에의 참여로 이어졌고 스스로 본인부터 기존 장원제도에 의한 경제 시스템의 개혁을 실천하고자 노력했다. 당시 세계는 18세기 말 무렵 영국으로부터 시작된 산업혁명의 물결이 전 유럽 대륙에 우후

죽순처럼 퍼져가던 시기였다. 하지만 러시아는 차르가 통치하던 봉건 영주시대에 머물러 있었다. 시대에 뒤떨어진 봉건주의를 타파하여야 한다는 그래서 새로운 물결인 산업혁명의 기운을 러시아에도 불어 넣어야 한다고 확신한 톨스토이. 그는 러시아의 장원 제도를 혁파할 것을 주장하기 시작한다. 봉건 영주나 귀족들이 보유하고 있는 농장들은 과감히 산업혁명을 위한 토지로 내 놓고 농노들은 해방시켜 산업 일꾼으로 활용하여야 한다고 주장했다. 당시에 이러한 견해들은 소수에 불과하여 톨스토이의 주장은 널리 확산되지 못했다.

실망한 그는 우선 자기의 농장부터 선도적으로 개혁하기로 마음을 먹는다. 마침내 톨스토이의 나이가 80세가 되던 1908년에 그는 농장을 포기하고 자기가 소유하고 있던 농노들을 해방시키기에 이른다. 여기까지는 사회적인 평가로서의 톨스토이 행적이다. 대단한, 실로 용감한 결정이 아닐 수 없다. 자기 소유의 농장과 농노를 포기하는 실천적 사회운동가, 이것이 그에 대한 사회적 평가인 것이다.

하지만 그의 부인 소피아의 눈으로 톨스토이를 보자. 존경할 만한 사회운동가로 보였을까. 본인과 아무런 상의도 없이 하루아침에 전 재산을 포기한 남편. 그녀는 그가 제정신으로 보였을까. 무책임한 가장, 부인의 입장을 전혀 생각하지 않는 자기중심적인 남자, 생각할수록 부아가 치밀어 오르게 하는 고집불통의 노인네에 불과한 것은 아니었을까. 지금 시간이 한참 흐른 현대의 시각으로 보면, 톨스토이의 소설을 읽고 톨스토이의 문학에 대해 배우고 자란 우리들의 시각으로 바라다보면, 존경을 넘어 경외감으로 톨스토이의 결정을 바라다볼 수 있겠지만 시계를 돌려 1908년의 소피아 지인이라면 지금처럼 톨스토이를 평가했을 지는 의문이다. 아마 소피아의 울분에 맞장구쳤을 지도 모를 일이다.

이후 톨스토이는 부인의 구박을 견디다 못해 1910년 10월 29일 가출을 결행한다. 그의 나이 83세, 노구를 이끌고 말이다. 톨스토이를 흠모하는 사람들은 이를 세상의 품으로 떠나는 '구도의 여행'이라고 미화하지만 소피아의 눈에는 가출, 그 이상도 이하도 아니다. 결국 가출 후 병을 얻은 톨스토이는 20여일 만에 모스크바 서남쪽 간이역사인 아스타포보스역(지금의 톨스토이역)에서 숨을 거둔다.

이렇듯 세상 일은 보는 시각에 따라 평가가 달라지고, 특히 당사자 입장에서 보면 전혀 다른 사건으로 해석된다는 사실. 이 사실이 매우 중요하다. 우리들이 다시 한 번 생각해야 할 문제다. 특히, 공공 부문에 종사하는 사람들, 공직자는 자기가 세상을 바라다보는 눈을 잠시 접고 세상 사람들이 공직자들을 어떻게 바라다보고 있는지를 항상 경계해야 한다. 동일한 사안도 다양한 시각이 있다는 것을 항상 염두에 두고 그들의 시선으로 사안들을 바라다보는 연습이 필요한 것이다.

지하 세계

· · ·

2015년 2월 20일 오후 2시경 용산역 부근.
버스에서 내린 승객 두 명이 보도를 걷기 시작한 지 불과 몇 발자국.
그들이 디디고 있던 땅이 꺼지면서 그들은 시야에서 사라져 버렸다.

2005년 초, 뉴욕 시장으로 재선된 마이클 블룸버그 시장은 연두교서를 발간하면서 뉴욕시의 지하 세계를 일대 정비하겠다고 힘주어 말한다. 지하 폭력 조직을 소탕하겠다는 뜻이 아니고 말 그대로 뉴욕 시내의 지하를 관통하는 수많은 상수도, 하수도, 전기, 통신, 가스관 등 낡은 시설물을 일제히 업그레이드하겠다는 것이다.

당시 뉴욕은 이미 지하 시설물을 건설한 지 100년이 넘어가고 있었다. 상수도관과 하수도관 등이 매설된 지 워낙 오랜 시간이 흘렀기 때문에 이를 그대로 둘 경우에는 안전을 보장할 수 없는 상황까지 다다른 것이다. 세계 어느 나라든 도시 지역은 이처럼 눈에 보이지 않는 공간이 존재하고 그 공간 속의 소위 라이프라인들은 일상생활의 편리함을 제공하는 반면, 제대로 시설을 업그레이드 하지 못할 경우에는 심각한 안전 위해 요인으로 작용한다. 뉴욕시는 이를 위해 엄청난 투자재원 마련이 필요했고 급기야 재산세 인상 등의 조치를 단행하기에 이르렀다. 뉴욕의 경우는 지하철과 지하 공동구 등이 수백 킬로미터에 달한다. 지상과 유사한 별도의 지하 세계가 존재하는 것이다.

우리나라의 경우도 별반 다를 바가 없다. 서울의 경우는 자연발생적인 도시에 현대적인 지상 시설물이 증가하는 만큼의 지하 공간이 새로이 증가되는 과정을 거친다. 도시 계획적인 방식이 아닌 국지적 개발과정에서 지하 공간 개발이 이루어진 셈이다. 지하 공동구는 현재 기준으로 총 32.8km에 이른다. 1978년 여의도 개발 당시에 여의도 공동구를 시작으로 목동, 개포, 가락(송파), 상계(노원), 상암(마포) 개발 당시 지하 공동구가 설치되었다. 이 지하 공동구에는 상수도관, 난방관, 전력송신관, 통신관과 하수도관이 동시에 지나간다. 이제 건설된 지 40여 년이 다 되어간다. 노후화가 진행되고 있다. 이와 함께 이들 지역을 제외한 거의 모든 도로 아래에는 다섯 가지 종류의 관로들이 심도를 달리하여 어지럽게 지나가고 있다. 여의도 등 다섯 개 지역을 제외한 지역들은 지하 공동구와는 달리 필요에 따라 관로들이 부분적으로 매설되거나 폐쇄되어 체계적으로 관리가 어렵다는 점이다. 체계적인 관리도 어려울 뿐 아니라 실제 하수도관 같은 경우에는 정확한 위치 측정도 어려운 상황이라는 점에서 문제가 심각하다. 더 이상 쓰지 않게 된 하수관로 등이 도심의 지하 곳곳에 방치되어 있다고 보아도 무방하다. 정확한 상황은 지금도 알 수 없다.

이제는 지하 세계를 일제히 업그레이드 하여야 한다. 눈에 보이지 않는다고 더 이상 방치되어서는 도시 안전을 보장할 수 없다. 서울만 하더라도 지하 공간의 안전을 위해 투자를 제대로 한 적이 있는지 의문이다. 더군다나 민선 시장이 들어오고 나서는 지상 공간에는 많은 투자가 이루어지고 있지만 지하 공간은 눈에 보이지 않는다는 이유로 거의 투자가 없다. 특히 2012년 이후에는 지하 공간을 포함한 도시 인프라에 대한 투자는 거의 실종된 상태다. 도시 행정의 절반 이상은 5대 라이프라인을 포함한 도시 인프라 확장과 관리에 있다. 시민단체나 시민 조합에 예산을 지원하는 것은 생색이 날지는 모르지만 시 정부 차원에서 우선순위를 둘 일이 아니다.

수많은 예산을 조합이나 시민단체에 쓰기보다는 보다 근본적인 인프라 관리 개선에 사용하여야 한다. 보이지 않는 곳, 그러나 꼭 투자해야 하는 곳을 찾아 고치는 것이 공공 부문이 꼭 해야 할 일이기 때문이다. 서울 시내 곳곳에 넓은 도로망이 확보되어 있는 것처럼, 그만큼의 지하 공동구가 필요하다. 안전한 도시는 말이 아닌 비생산적인 예산 사용을 줄여서 누구도 대신해 주지 않는 분야에 투입하는 것이 도시 관리 책임자의 1차 의무이다. 지하 세계에 대한 투자는 빠를수록 돈이 적게 든다. 무엇보다도 안전과 직결되는 문제이기도 하기 때문에 더욱 시급하다.

그림이
아름다운 이유

• • •

유명하거나 아름다운 것은 그것 자체 때문이 아니라
그것을 둘러싸고 있는 그 이야기 속에 담긴
'사람들의 마음'을 엿볼 수 있기 때문이다.

이탈리아 중부지방 토스카나주 주도 아레조에서도 한참을 더 산악 지역으로 들어가야 하는 외진 시골마을 산 세폴크로(San Sepolcro)시, 그 중심에 시립 박물관이 있다. 그 건물 안 1층 벽에는 이탈리아의 화가 피에로 델라 프란체스카(Piero Della Francesca)가 1463년에 그린 작품 한 점이 걸려있다. 그 작품의 이름은 부활(Resurrection)이다. 성서의 부활이라는 주제는 시대를 초월하여 화가들의 단골 메뉴였고 그 그림 자체의 미술사적 가치나 구도 또는 화풍 등에 대해서는 특별히 논할 것이 없다. 다만 그림 중앙에 부활의 상징인 붉은 십자가를 들고 예수 자신이 안치되어 있던 석관에서 깨어 일어나 한쪽 발을 석관에 디디고 있는 순간, 그 아래에서 석관을 지키고 있던 로마 병사들은 모두 눈이 감긴 채 졸거나 아예 누워서 잠들어 있는 모습을 삼각형의 구도로 배치했다. 화면의 왼쪽은 나뭇잎이 다 떨어져 있는 나무를, 오른쪽으로는 잎이 무성한 나무를 그려 넣어 삶과 죽음을 대비시키고 있다.

일 년에 수십 만 명의 관광객들이 이 그림을 보려고 이곳 산 세폴크로를 찾는다. 물론 이 그림이 유명해서 불편한 교통을 감내하고 몇 시간씩 버스를 타고 이 조그만 도시까지 찾아오는 것이다. 그 그림이 유명한 것은 그림 자체의 예술성이라기보다는, 그 그림이 현재까지 무사히 보존되게 된 이야기 속에 한 젊은 장교의 마음이 담겨있기 때문이다.

제2차 세계대전이 한창이던 1945년 가을 연합군은 독일군에 대한 맹공세를 퍼붓고 있었다. 동부 전선인 이탈리아 산악지대인 산 세폴크로에서 퇴각하는 독일군을 마지막으로 밀어붙이기 위해 시내를 향해 일제 포격을 가하려던 찰나, 당시 그 포격을 지휘하던 영국군 장교 안토니 클라크는 갑자기 포격 중지 명령을 내렸다. 어렸을 적 읽었던 여행기 중 한 구절이 생각났기 때문이다. 올더스 헉슬리라는 소설가가 쓴 여행기 〈Along the Road〉의 한 구절에 "이곳 토스카냐 어느 지점에 이 세상에서 가장 아름다운 '부활'이라는 그림이 있다"라는 글귀를 기억해낸 것이다. 그리고는 포격 중지명령을 내린 것이다. 그런 연유로 그 그림은 현재까지 보존될 수 있었고 사람들은 전쟁 속에서도 한 젊은 장교의 그림에 대한 애착을 떠올리며 부활이라는 주제에 대한 깊이를 더해가는 것이다.

소설가의 여행기, 그 여행기를 우연히 읽은 한 젊은 장교, 당시 포격 중지 명령을 내리는 용기 등이 부활이라는 주제와 묘하게 겹치면서 그 그림에 대한 감흥이 깊어지는 것이다. 그런 이야기들이 그 멀리까지 그림을 보려고 찾아가는 수고를 충분히 보상할 만큼의 감동과 영감을 주고 있는 것이다. 다시 태어난다는 부활의 주제와 그림을 살려야 한다는 영국군 젊은 장교의 마음이 한껏 더해지는 것은 그 그림이 더 아름답고 유명한 이유인 것이다.

종묘의
보여줌의 미학

· · ·

2015년 5월 햇살이 눈부시게 내리쬐는 종묘.
조선왕조의 왕과 왕후들의 신주가 모셔져 있다.
단체 외국인 관광객 중 한 사람이 이 큰 건물 안에 무엇이 있느냐고 묻는다.

"**태정태세문단세** 예성연중인명선 광인효현숙경영
정순헌철고순"

조선시대 왕위의 순위를 4·3조 시조 운율에 맞추어 암기하던 때
가 있었다. 조선시대를 통치했던 왕은 총 27명이다. 태조 이성계부터
일제에 의해 조선왕조가 망하던 비운의 순종까지.

27명의 왕의 위패가 모셔져 있는 조선시대 정신적 지주의 공간이
바로 종묘다. 경복궁을 중심으로 오른쪽에는 선위를 모시는 제단이,
왼쪽에는 하늘에 제사를 지내는 사직단이 있다. 종묘사직이 즉 국가
의 통치의 틀이었던 셈이다. 농경시대에 가장 중요한 것은 농사일이
잘 되어서 국가가 유지될 수 있는 먹거리를 생산하는 일이었고 그런
의미에서 조선 왕조의 적통을 나타내는 종묘와 하늘에 국운을 비는
사직이 자리한 것이다.

그 중 종묘는 단일 목조 건물로는 세계적인 규모를 자랑한다. 대들
보가 세계에서 제일 큰 건물이다. 규모가 큰 만큼 이를 찾는 사람들
은 그 큰 건물의 내부에 관심이 많다. 건물 자체보다는 그 안에 무엇
이 들어있는지가 더 궁금한 것이다. 그러나 현재는 그런 호기심을 채
워주지 못하고 있다. 그 내부는 쉽게 접근도 되지 않을뿐더러 위패는
관광객의 호기심을 채울 만큼 매력적이지도 못하다.

'빙산의 일각'이라는 말이 있다. 보이는 것은 실상 그리 중요하지
않거나 보잘것없지만 보이지 않는 부분이 더 장엄하고 중요하고 더
위대한 것들이라는 것이다. 하지만 보이지 않는 것에 사람들은 큰 감
동을 하기는 쉽지 않다. 보통은 시각이 두뇌를 지배하기 때문이다.

보이지 않는 것을 형상화하는 것도 그래서 필요하다. 종묘 건물에 숨겨져 있는 정신적, 비시각적 내용들을 종묘 앞 공원으로 끌어내어 시각화해야 한다.

예를 들면, 종묘 공원의 종로와 접한 곳에서 종묘의 정문까지의 거리는 약 150m에 이르는데, 종묘를 찾는 사람들이 반드시 걸어서 지나가야 하는 곳이다. 이곳에 태조부터 순종까지 27명의 조선 왕들의 동상이나 대표적 기념물을 세우는 것도 한 방법이다. 그 뒤에는 전각이나 비각을 세우고 해당 왕들의 업적 등을 새겨 넣는 것이다. 세종대왕 동상 뒤에는 전각을 세우고 자랑스러운 한글과 측우기, 자격루, 앙부일귀 등을 배치하는 것도 좋겠다. 구체적인 디자인은 전문가들의 몫일 것이다.

사람들이 많이 운집하는 곳에 우리나라가 자랑스럽게 여기고 싶은 물건을 배치하는 것은 기본이다. 눈에 보이는 형태로의 공간적 시각화는 그래서 필요하다. 현재의 종묘 공원은 대한민국의 역사적 장소라고 자랑스럽게 말하기에는 아직도 조금은 부족한 것이 현실이다.

폐철도의
업사이클링

●　●　●

어떤 생각은 우연한 기회에 갑자기 전광석화처럼 떠오르기도 한다.
창조적 파괴는 무수한 경험과 어느 특정 사안에 대한 집념, 그리고
시각을 달리하는 관점에서 비롯된다.

중앙선 철도는 용산역을 출발하여 청량리를 거쳐 팔당, 여주, 원주를 경유, 영주를 지나 최종 종착지인 경주로 이어지는 우리나라 서울과 경기, 강원, 경북의 중앙을 관통하는 총 길이 350km의 경북 내륙과 수도권을 잇는 국가 대동맥철도이다. 1942년 일제에 의해 건설된 이래로 수십 년간 단선으로 운영되어 오다가 2000년대부터 복선전철화 사업이 진행되면서 1단계로 2007년에 청량리에서 원주까지 개통이 되면서 기존의 철로는 쓸모가 없게 되었다. 복선전철화사업은 고속주행을 필요로 하기 때문에 과거의 구불구불한 철로는 터널 등을 이용하여 직선화되었고 이에 따라 자연적 지형을 따라 건설되었던 철로는 그 수명을 다하게 된 것이다. 기존 철로는 철도로의 존재 이유를 상실하게 된 것이다.

버려진 철로는 남한강의 조망이 한눈에 내려다보이는 해발 40m의 고도를 일정하게 유지하고 있었고, 짧게는 150m, 길게는 700m의 터널을 일곱 군데나 지나고 있었으며, 운악산을 휘감아 도는 철로는 북한강 철교를 건너 양수리로 이어져 있었다. 운명을 다한 철로는 이제 새로운 생명을 부여받기를 목메어 기다리는 듯하다. 군데군데 무너진 철둑길도 보인다. 도로 위를 가로지르던 철교가 헐린 곳도 있다. 이대로 오랜 기간 방치된 채 시일이 지나면 철길이 있었다는 흔적도 찾기 힘들어질지도 모른다.

한강을 끼고 이어지는 자전거 길은 서울의 경우 2008년에 이미 완료되었고 그것이 한강을 따라 이어져 한강 북쪽으로는 구리를 지나 남양주까지 이어져 팔당대교 북쪽 하단까지 건설되어 있었다. 하지만 그 이상은 고수부지가 발달하지 않은 관계로 더 이상 이어지지 않아 사람들은 팔당대교 아래까지 와서 서울로 되돌아와야만 했다. 이어지지 않은 길은 그 효능이 떨어지기 마련이고 당연히 이용자들의 불만 요인으로 작용하기 마련이다. 끊어진 길을 이어주는 것이 급선무였다. 팔당대교 아래에서 끊어진 자전거 길을 팔당역까지만 연결하면 팔당역에서부터 양평까지는 폐철도를 자전거 도로로 활용하면 되는 일이었다.

기왕에 자전거 길을 만들려면 세계 유일무이한 것으로, 독특하고 개성이 있는 것으로 만들고 싶었다. 그러기에 기존의 중앙선 폐철도는 충분한 조건을 갖추고 있었다. 다만 그것을 오로지 자전거 전용 도로로 통째로 사용하겠다는 의지를 관철시키기 전까지 그 숨은 가치를 드러내지 않았을 뿐이다.

중앙선 폐철도는 다음 몇 가지의 유일무이한 가치를 지니고 있었다. 첫째는 한강 조망 경관이다. 1942년에 건설된 덕분에 해발 일정 고도인 40m의 높이를 유지하면서 강을 따라 이어져 있어 그 경관이 한강의 유려함을 조망하기에는 다시 없는 조건을 갖추고 있었다. 둘째는 25.7km 구간에 짧고 긴 터널이 일곱 개나 위치하고 있어서 자전거 이용자에게 색다른 즐거움을 줄 수 있다는 것이었다. 셋째는 북한강을 가로지르는 폐철교가 방치되고 있었다는 사실이다. 폐철교를 따라 강을 건너는 즐거움이야말로 흔히 경험할 수 없는 색다른 즐거움을 주기에 충분하다고 생각했다. 넷째는 철교의 특성상 거의 경사를 느끼지 않을 수 있도록 완만한 경사도를 유지하고 있어 일반 국민들 남녀노소 모두 다 힘들이지 않고 자전거를 즐길 수 있다는 데 있었다. 사실 자전거를 한 번이라도 타 본 경험이 있는 사람들은 잘 알겠지만 전문 자전거 동호인이 아닌 이상 작은 경사가 있는 오르막길도 수월하게 오르기란 쉽지 않다. 어떻든 그날의 결정은 지금 와서 생각해도 정말 잘한 일이었다. 당시로써는 무모하다는 사람들도 많았고 추진 과정에서 행정 협조의 어려운 난관도 있었지만 일이란 필요할 때 무모하리만큼 집요하게 추진하여야만 어떤 것이든 결말이 지어지는 것이기 때문이다.

실제 추진과정에서 일의 성과를 낸다는 것이 그렇게 간단한 것은 아니었다. 대부분의 정부 일이 그렇지만 가장 어려운 것이 부처 간 협의나 협조를 구하는 일이다. 폐철도는 우선 내가 속한 행정안전부 소관 시설이 아니었다. 국토교통부가 관리하지만 실제는 철도공사의 자회사인 철도시설관리공단이 관리하고 있었다. 자전거 길 조성 사업은 그 총괄이 행정안전부이지만 철로를 이용한 자전거 길 조성은 그 소관이 분명하지 않았었다. 소관이 분명치 않다는 것은 누가 하든 관계없다는 것이겠지만 누가 하느냐는 부처 간의 커다란 양보할 수 없는 갈등요인으로 작용한다. 자전거 길 조성 사업은 교통 업무일 수도 있고 지역발전·개발 사업일 수도 있기 때문이다. 지역사업이면 해당 지방자치단체가 계획과 예산을 세우고 이를 집행하면 될 것이지만, 이 경우는 여러 지방자치단체에 걸쳐있을 뿐만 아니라 사업비 확보도 쉬운 일이 아니었다. 따라서 국토교통부나 행정안전부가 직접 예산을 다음 년도에 편성해서 사업을 추진하거나 아니면 국토부나 행정안전부가 예산을 편성하여 해당 지방자치단체에 예산을 내려보내서 하든지, 그것도 아니면 민간자본유치 사업으로 하는 등 여러 가지 방법이 있을 것이다. 하지만 이 방법들은 모두 시간이 많이 걸리고 그 사업이 계획대로 추진된다는 보장도 없었다. 시간이 경과하면 할수록 사업의 우선순위에 자꾸 변동이 생기거나 사업의 내용이 변질될 가능성이 높기 때문이다.

특히 이 사업은 부처 간에 시설물 관리 권한 처리라는 근원적인 선결문제가 남아있어서 갈등의 소지를 많이 안고 있었다. 지방자치단체가 이 사업을 수행케 하려면 해당 철도 부지와 시설을 지방지치단체에 무상양여 하거나 무상임대 하여야 한다. 그러나 부지와 시설을 지방자치단체에 무상으로 양여 또는 임대하는 과정에서의 갈등해결이 첫 번째 관문이었다. 당시 철도 업무는 국토교통부 관할이었고 철도부지의 소유권자는 국가, 즉 기획재정부였다. 따라서 국토교통부와 기획재정부가 적극적으로 협조를 해주어야만 관리 권한을 지자체로 이관할 수 있었다.

하지만 늘 그렇듯이 다른 부처가 하는 일에 그리 협조적인 부처는 거의 없다고 봐도 과언이 아니다. 슬픈 현실이지만 부처 간 갈등의 거의 태반은 업무 영역 다툼이라고 보면 된다. 업무 영역이 줄면 조직 인원에 영향을 곧바로 미치기 때문이다. 어느 조직이 그 일을 하느냐가 중요하지 왜 그 일을 공공 부분에서 해야 하는지에 대한 물음은 중요하게 여기지 않기 때문이다. 여러 번의 설득 덕분에 당초 목표한 대로 관리 권한을 지방자치단체에 이관하였고 예산은 특별교

부세를 해당 자치단체에 일정 비율을 교부함으로써 해결했지만, 이마저도 사실상 설득이라는 과정보다는 힘의 논리가 작동했다고 표현하는 것이 더 현실에 가까울 것이다. 만일 대등한 관계에서 그 사업을 부처 간 협조로 해결하려 했다면 지금도 그 사업은 진행 중이거나 보류 중이었을 가능성이 더 높았을 것이다.

순탄하듯 보이던 사업이 이번에는 철길에 깔려있는 폐자갈의 환경적 처리 문제로 다시 수면 위에 떠올랐다. 이 업무를 담당하는 환경부 측에서는 철길에 쓰이는 자갈은 수십 년간 디젤기관차의 운행 중 자갈에 묻은 여러 유해 물질들이 토양에 영향을 미칠 수 있으므로 그 영향을 최소화하기 위해 폐기 시에는 세척 등의 환경적인 조치를 취해야 한다는 것이다. 당연히 그렇게 처리해야 할 사안이었다. 토양오염방지법에 의한 처리 과정에 따라 처리하는 것이 당연하지만 환경부는 25.7km 전체 철길에 깔려있는 자갈 전수를 오염 조사할 것을 주장했다. 나는 똑같은 조건에 놓여 있는 자갈임을 들어 무작위 지역별 샘플조사를 주장했고 결국 그것이 받아들여졌다. 결과는 기준치보다 훨씬 하회하는 수준으로 나왔고 자갈은 그 상태로 포장 기층제로 사용되거나 재활용되었다.

이제 많은 사람들이 가족단위로 친구들끼리 동호인끼리 심지어 연인들끼리 자주 찾는 명소가 된 남한강 자전거 길. 그렇게 버려진 철로는 자전거 전용길로 재탄생 되었다. 존재의 이유를 다한 폐철로가 이제 새로운 존재의 의미를 찾은 것이다. 관심이 생각을 낳고 생각이 사물을 보는 시선을 달리하게 만들어 결국은 새로운 형태의 형상을 만드는 것 그것이 창조의 과정이라고 할 수 있을 것이다. 창조는 사물의 본질에 대해 깊이 성찰하고 고민하고 생각의 층위를 켜켜이 쌓아야만 그 단초를 발견할 수 있을 것이다. 전 세계에서 유일무이한 형태의 자전거 전용도로, 자연과 함께 달리는 색다른 감동을 주는 남한강 자전거 길. 버려진 철로에서 자전거 길로의 변신은 그야말로 무죄였다.

성공의
의미

• • •

성공이란 자기가 이 세상에 존재함으로써 자기가 존재하기 이전보다
세상을 더 행복하고 아름다운 곳으로 만들어 놓고 떠나는 것이다.

에머슨은 다른 사람이 더 행복해지도록 자신이 존재하는 것 자체를 한 인간의 성공적인 삶이라고 정의한다. 그렇다. 성공의 의미를 공직자의 성공에 대입해보기로 하자. 공직자가 일을 하는 것이 성공이라는 의미로 인정받는 가치를 에머슨의 성공의 의미라고 생각하면 공직자가 그 일을 행함으로써 불특정 다수의 사람들이 본인이 그 일을 하지 않았을 때보다 더 행복해지는 데 기여하고 있는지 아닌지만 판단하면 되는 것이다. 자기가 현재 그 자리에 있으면서 공공의 일을 하고 있는 것이 그렇지 아니한 것보다 국민들이 더 행복해지는 데 일조하고 있는지 여부가 그 공직자의 존재 이유를 설명해 줄 것이다. 그렇지 않다면 그 사람은 공직자로서의 존재 이유를 심각히 고려해 보아야 한다. 오히려 그 사람이 공직에 있음으로 인해서 국민이 더 불행해지는 경우도 우리는 수없이 보아왔기 때문이다. 적극적인 불법으로 인해 국민에게 손해를 끼치는 경우는 더 이상 이야기할 필요는 없을 것이다. 오히려 국민들을 짜증나게 만드는 사례들은 소극적인 부작위로 인한 것들이 훨씬 많기 때문이다.

여기서 행복의 의미를 다시 한 번 되짚고 넘어가보자. 사람이 존재하는 이유는 그 나름의 행복감을 추구하는 것이라면 행복은 과연 어떤 방향성을 가져야 하는가. 먼저 행복감을 느끼는 것이 모든 사람들에게 동등한 질적인 무게를 가지고 있는 것인지부터 생각해 보자. 어떤 이들은 조그마한 일상에서도 행복감을 느끼기도 하지만 어떤 사람들은 다른 사람들보다 더 많은 지위와 권력과 돈을 가지고 있어도 행복감을 느끼지 못하는 사람도 있다. 모든 경우를 망라한 보편적인 행복의 척도란 것이 과연 존재나 할까 의문이다. 공리주의자들은 이를 효용이라는 경제학적 개념을 원용하고 있다. 효용이 높아지면 행복은 그만큼 비례적으로 커진다고 본다. 어떤 것을 가치 있게 받아들인다는 의미에서의 효용이다. 그 효용은 화폐 가치로 환산이 가능하다. 만일 내가 1,000원을 더 가졌다면 가지지 않았을 때보다 더 행복하다고 느끼는 것일 뿐 아니라 10,000원을 가진 사람은 나보다 10배의 행복을 느끼는 것으로 전제하고 있는 것이다. 가감승제가 가능한 효용, 즉 행복감의 계량화다. 그러나 꼭 그런 것 같지는 않다. 1,000원을 가진 자보다 10,000원을 가진 자가 획득의 순간은 더 큰 효용을 가지는 것은 분명하지만 효용으로 인한 행복감은 커질 수는 있어도 10배인지는 알 수도 없고 꼭 그러하지도 않을 것이다. 효용이 커지면 행복감도 커진다는 전제가 공리주의자들이 극복하지 못한 치명적 오류일 것이다. 이 오류는 효용이 적어질 때 더 불행해질 것이라는 가정에서 보면 그 논리적 모순은 더욱 더 명확해진다. 결국, 인간이 존재하는 의미를 통찰하지 못한 데 그 근본적 오류가 있는 것이다. 인간이 존재하는 의미에 대한 통찰 그것이 행복인 것만큼은 거의 확실한 데 그것을 어떻게 추구하여야 하고 어떻게 계량화하여 결국 정책으로 만들어야 하는 지는 공공 부분의 영원한 숙제일 것이다.

그는 성공을 이렇게 정의하고 있다. 인간의 존재 이유이기도 한 성공한 삶을 다음과 같이 정의하고 있다.

To know even one life has breathed easier because you have lived, this is to have succeeded.

(당신 덕분에 한 생명이 보다 편히 숨 쉬고 살아간다는 것,

그것이 바로 성공한 것이다.)

성공이란, 자기가 이 세상에 태어나기 전보다 자기가 이 세상에 존재함으로써 조금이라도 더 세상을 행복하고 더 살기 좋은 곳으로 만들어놓고 떠나는 것이다.

인간의 존재 의미는 인간으로 세상에 태어나서 이러한 가치의 성공을 이루는 것이라고 말한다면 이에 반대할 사람은 없을 것이다. 일부의 사람들은 이러한 의미조차도 인식하지 못하고 살다가는 무의미한, 아니 무의미한 것이라는 것 자체를 인식하지 못하고 떠날 터이지만 말이다.

개인의 삶이야 개인이 각자 책임지면 되지만 공직자의 삶은 그러하지 못하다는 데에 주목할 필요가 있다. 공직자의 성공이라는 개념은 개인적인 성공의 개념과 달라야 하는 이유다. 다른 사람을 위해 존재하는 삶이 공직자의 삶이기 때문이다. 자기가 있음으로 해서 자기 아닌 다른 사람이 더 행복해지는 삶이 공직자로서 성공한 삶이 되어야 하는 이유다.

국민들이 공직자들을 바라다보는 시선이나 시각은 백인백색이다. 한 직업인으로 일반인과 동등하게 바라다보는 것에서부터 공직자들에게 무한책임을 요구하는 것에 이르기까지 다양하다.

　　정부 신뢰와 관련해서는 오랫동안 논쟁이 되어 왔다. 정부 신뢰 대상이 무엇인지에 대한 대표적인 논쟁으로는 밀러(Miller,1974)와 시트린(Citrin, 1974)의 논쟁이 있다. 밀러는 정부 정책에 대한 국민들의 평가가 정부 신뢰 수준에 가장 큰 영향을 미친다고 주장하였고, 시트린은 대통령에 대한 이미지와 지지가 정부 신뢰에 결정적 영향을 미친다고 주장하였다. 어느 주장이 더 정확한지는 실증된 연구가 많지 않지만 정부 정책이나 대통령 개인의 이미지 모두 정부 신뢰를 결정짓는 중요한 변수임에 틀림없다. 특히 정책결정을 담당하는 사람들의 총합으로서의 공직자는 정부 신뢰의 핵심요소임은 두말할 나위가 없을 것이다.

　　이처럼 공직자의 총합으로서 정부를 바라다보는 시각에는 두 개의 관점이 있다. 하나는 정부의 정책을 통해 그 잘잘못을 평가하는 시각이며, 다른 하나는 최고 의사결정권자인 행정부 수반이나 정책결정권자 개개인에 대한 평가를 통해 정부에 대한 믿음을 판단하는 시각이다.

3편

정부를
보는 눈

세 가지 중
하나

● ● ●

공직자가 지금 하고 있는 일은 셋 중의 하나다.
꼭 해야 할 일, 하나마나 한 일, 해서는 안 될 일.

공공 부문에서 하는 일은 세 가지 범주로 구분된다. 꼭 지속 되어야만 할 일, 하나마나 한 일, 그리고 공공 부문에서 해서는 안 될 일이 그것이다. 이러한 분류의 기준은 시대가 변함에 따라 그 기준도 변한다. 시대정신이라고 표현해도 좋고, 시대에 따른 세계적 트렌드가 변하기 때문이라고 이해해도 좋다. 정확히 표현하면 정부가 하는 영역 즉, 정부가 할 수 있는 영역 범위 내의 일인지에 대한 판단 기준이 시간이 흐름에 따라 변화하기 때문이다. 정부 부처의 존재 이유는 그래서 중요하다.

우리가 경험했듯이 70년대까지의 개발주의 시대까지는 행정시스템, 즉 공공 부문에 비해 민간 부문이 너무 미미해서 사회시스템을 이끌어가는 동력은 행정에 의존할 수밖에 없었다. 다른 민간 부문이 사회에서 필요한 서비스나 재화를 생산하는 비율이 극히 부족했다는 의미다. 따라서 그 당시는 누가 빨리, 그리고 충분한 재화와 서비스를 잘 공급할 수 있는가가 판단 기준이었다. 이 시기에는 공공, 민간의 구분이 큰 의미가 없었다. 따라서 당시의 행정학에 개발행정이라는 과목도 있을 정도로 행정은 모든 영역을 망라했다. 그 당시에는 그것이 판단기준이었으므로 이제와서 그당시 그 기준이 설정되었다는 데에 옳고 그름의 가치판단으로 재단하는 것은 합당치 않다.

그러나 시간이 흐르면서 상황이 바뀌어간다. 언제부턴가 민간 부문이 공공 부문을 앞서기 시작한 것이다. 다시 말해, 똑같은 일을 행정부처보다 더 잘할 수 있는 민간 영역이 자라나 이미 무성한 숲으로 번성한 것이다. 그렇다면 더 잘할 수 있는 곳에서 그 일을 수행케 하는 것이 당연한 순리다. 그러나 현실은 그렇지 않았다. 민간이 더 잘할 수 있는 영역이 점점 확대되고 있음에도 정부 부처는 계속 그 일을 본인이 하겠다고 움켜쥐고 있었던 것이다. 그러니 당연히 비효율이 발생하는 것이다. 비효율은 그렇다 치더라도 공공 부문이 계속 그 일을 함으로써 더 큰 문제는 그 영역에 있어서 근본적인 문제 해결이 되지 않고 있다는 데 더 큰 사회적 손실이 발생하고 있다는 사실이다.

그래서 정부 조직은 수시로 변화되고 시대의 흐름에 따라 유동적이 되어야 한다. 그래야 정부가 존재하는 의미를 찾을 수 있는 것이다. 정부 부처의 존재의 의미에 합당한 일이 무엇인지를 생각하는 것이 문제의 처음이자 끝이며, 정부가 하여야 할 일의 전부라고 말해도 과언이 아닐 것이다.

그러기 위해서는 정부 기관을 맡고 있는 기관의 장들의 역할이 중요하다. 해당 기관이, 조직이 현재 하고 있는 일들을 이러한 세 가지 기준에서 정확히 판단을 내려 그에 합당한 조치를 하는 일이 바로 그것이다. 현재 하고 있는 수많은 일들이 과연 공공 부분에서 꼭 해야만 하는 일인가, 아니면 하나마나 한 일인가, 그것도 아니면 공공 부문에서 더 이상 해서는 안 되는 일인가를 꼼꼼히 따지는 일이다. 그것을 제대로 할 수 있는 사람이 바로 제대로 일을 하는 사람일 것이다. 어쩌면 이런 미래에 대한 고민은 고사하고 그 부처의 현안에 빠져들어 그만 둘 때까지 그런 생각조차도 할 겨를이 없는지도 모른다. 그 현안이라는 것도 위의 세 가지 기준에 따라 판단해보면 정말 해야 할 일에 속하는 것인지도 알 수 없지만 말이다.

조직은 한번 만들어지면 스스로의 자생력을 구축한다. 조직이 만들어질 당시에 필요성이 전혀 없이 만들어지는 경우는 없다. 다만, 그 필요성이라는 것이 굳이 공공 조직에서 그 일을 해야 하느냐에 대한 진지한 고민이 없이 만들어지는 것이 문제일 수 있다. 조직을 운영하기 위한 구성원들이 생겼지만 시간이 지나면 그 구성원들의 존재 자체가 조직의 존재 이유가 되어 버린다. 조직의 목표가 달성되었거나 조직의 목표 자체가 시대의 흐름으로 더 이상 필요치 않게 되는 경우에도 조직은 그대로 남아있다. 더군다나 필요성이 없어진 조직에서 이익집단이 만들어지는 경우도 있다.

진정한 공공성은 하지 말아야 할 일, 해서는 안 될 일, 하나마나 한 수많은 잡다한 일들을 공공 조직에서 걷어내는 일이다. 그런데 문제는 걷어내는 일을 할 수 있는 사람은 많지 않다는 데 있다. 이런 일을 한다는 것은 가히 혁명적인 일이어서 그동안 쌓인 비효율을 걷어내는 일만큼이나 어렵다. 무슨 일이든지 그 일이 필요한 일이라고 주장할 근거는 다 있기 때문이다. 그걸 하지 않으면 당장 피해를 보는 이익집단의 반발도 예상된다.

진주의료원 폐업[1]과 관련한 사례에서 볼 수 있듯이, 그 일을 더 이상 지속해서는 지극히 비효율적임을 알면서도 관행처럼 한번 생긴 서비스는 지속되어야 한다는 관성이 생긴 결과다. 다른 사람이, 다른 민간 부분에서 더 잘할 수 있음에도 불구하고 말이다. 의료의 질

---

1 2013년 적자를 이유로 폐업한 경상남도의 한 의료원 이야기다.

이 분명 떨어져 있다는 사실이 본래의 문제일 터인 데 그것보다는 사람들의 치료를 담당해야 할 기관이라는 형식적 존재 이유 때문에 없애거나 방향 전환하는 것이 어렵다. 사실 더 질이 좋은 의료기관에서 치료를 받을 수 있도록 의료 바우처 제도 등을 활용하는 것이 환자에게는 더 도움이 되는 올바른 방향일 수도 있을 터인데 말이다.

이런 사례는 주택 부분으로 들어가면 더욱 심각하다. 공공 서비스의 본질이 무엇인지에 대한 조금의 성찰만 있었어도 보금자리 주택이나 행복 주택과 같은 공공 부문이 해서는 안 될 일들이 벌어지지는 않았을 것이다. 왜 민간이 할 수 있고 더 잘할 수 있는 영역까지 공공 부문이 간여하는가. 공무원은 만능이 아니다. 오히려 실물경제에는 시장을 왜곡시키는 경우가 허다하다. 진정으로 주택 복지 차원에서 큰 평수의 주거공간을 지원할 대상이 있다면 그들을 대상으로 민간시장에서 공급된 재화, 즉 주택을 적은 비용으로 구입할 수 있도록 보조하는 주택 바우처 제도 등을 활용하는 것이 정답일 것이다. 공무원이 시장의 기능을 뛰어넘어 문제 해결을 할 수 있다는 것은 환상 그 자체이다. 그 이상도 그 이하도 아니다.

룰의
근원과 본질

●　　●　　●

공직자의 일은 더 많은 규제를 탄생시키는 것과
규제 추가에 대한 주문을 들어주는 일이기도 하다.
공공의 간여 확대라는 의미의 규제는 과연 문제를 해결해 줄 수 있을까.

우리는 사회적인 문제가 발생하면 통상 그 문제해결에 즉시 정부가 나서라고 주의를 환기시키고 더디게 대응하는 정부를 향해 질타를 한다. 그에 대한 공무원들의 반응은 통상 새로운 규제를 만드는 것으로 응답한다.

통상 사회적인 문제들은 경쟁시스템이 제대로 작동하지 않아 발생하는 시장 실패인 경우가 대부분이다. 그러나 이러한 사회적 문제를 접근하는 공무원들은 이 본질보다는 문제에 대한 진단과 해법을 새로운 규제를 만드는 것으로 해결하려고 한다. 해당 서비스 공급에 대한 진입의 장벽을 허무는 대신 새로운 진입을 규제하는 식으로 처방하고 이를 입법화한다. 당연히 그에 따른 새로운 인력과 조직, 예산이 수반된다. 그렇게 해서 정부는 점점 더 커져만 간다. 그러한 대책이나 처방이 실제 문제 해결에 얼마나 역할을 하고 있는지는 별다른 관심도 없다. 다시 사회적 논란으로 불거지기 전까지는 말이다.

예를 들어, 2014년 초에 발생한 개인정보 대규모 유출 사태를 생각해 보자. 자그마치 1억 2천만 건의 개인정보가 개인의 손에 의해서 고의로 유출되었다. 사회적으로 엄청난 파장을 몰고 온 이 사건에 대한 처방은 개인 신용을 다루는 카드회사에 대한 책임을 강화하는 것이 대책의 대부분을 차지했다. 그것으로 개인정보 유출이라는 근본 문제를 해결할 수 있을까. 몇 년 내로 유사한 개인정보 유출사태가 재현될 가능성이 존재한다. 근본적인 처방이 아니기 때문이다.

이 문제는 비즈니스의 문제이기 때문에 비즈니스로 해답을 제시해야 한다. 개인정보를 유출하는 카드사는 망하게 하는, 고객의 외면을 받아 더 이상 존속할 수 없는 도태되는 시스템이 만들어져야 하는 것이 대책이다. 이렇게 하는 데 걸림돌은 없는지, 그 걸림돌을 찾아내서 이를 치워주는 것이 해결책이다. 시장의 기능에 공공이 간여하는 폭을 넓히는 것이 아니라 시장이 제대로 된 경쟁시스템을 갖도록 규제적 요소를 대폭 걷어내는 것, 그것이 정부가 해야 할 해결책이다.

요즈음 정부의 화두도 단연 규제 개혁이다. 규제가 민간의 활력을 떨어뜨려 경제 활성화의 걸림돌로 작용하고 있다는 시각이다. 당연한, 제대로 된 인식이다. 문제는 그 규제 개혁을 이뤄내는 방법에 있다. 지금까지 규제 개혁이 이루지는 통상적인 절차를 들여다보자.

국무총리실 산하 규제 개혁실이라는 곳이 있고 정부위원회 중 하나인 규제 개혁위원회가 있다. 정부 각 부처는 규제 개혁 안건을 발굴해서 총리실에 제출하면 그 안건은 규제 개혁위원회에 상정하여 그 안건을 심의하고 의결해서 해당 부처에 권고하거나 이행을 촉구한다. 그럼 해당 부처는 그 권고안에 따라 법안을 개정하기 위한 절차에 들어간다. 대부분 법 개정이 이뤄지려면 수많은 절차를 거쳐 정부 입법으로 국회에 제출되고 결국은 1년 뒤에 그것도 12월 말경에 예산안과 비슷한 시기에 국회에서 통과되면 1년 농사다. 즉, 정부의 규제 개혁 일이 바로 1년 농사인 셈이다. 1년이 걸려서 완결이 되면 그나마 다행이다. 심지어 국회 임기 내내 상임위에 계류되어 있는 경우도 허다하다. 그것도 개정 법안이 국회에서 통과된다는 보장이 없다. 부지하세월(不知何歲月). 이 말은 이런 때에 사용하기 위해 만들어진 것 같다. 이처럼 규제를 개혁하는 일은 혁명처럼 어렵다.

그러나 규제의 본질을 들여다보면 이외로 답이 쉽게 나올 수도 있다. 규제라고 하면 우리는 통상, 민간의 기업 활동에 가하는 비정상적인 간여라고 이해한다. 이 간여는 왜 만들어졌는지 그 원인을 따져보자. 그 규제가 되는 법안이 만들어진 것은 분명 그 단초가 되는 사건이나 사회적 물의 또는 어떤 가치관의 변화가 수반되어 탄생된 것이다. 법안이 탄생되면 조직과 인력 예산이 투입되고 그러한 일을 수행하는 공무원이 존재한다. 모든 정부 조직을 자세히 들여다보면 과단위로 규제 관련 법안들이 운영되고 있다. 거의 예외 없이 모든 과단위 조직들이 규제 법안 때문에 유지되고 운영되고 있다고 보아도 무방하다. 중앙 부처 1개과 단위당 평균 2.5개의 규제 법령을 운영하고 있다는 통계도 있다. 보통 1개의 법령을 운용하는 데 7~8명의 직원이 필요하다.

규제와 직접 관련된 법령이 아니라 하더라도 개별 조항들을 자세히 들여다보면 더 기가 막힌다. 법령의 명칭은 '지원관련' 법령이거나 '촉진관련' 법령임에도 불구하고 민간이나 시장에 개입하는 조항이 반드시 수 개의 조항에 걸쳐 존재한다. 소위 간여 규정이라 할 수 있다. 보고를 받거나 어떤 상황을 관리하거나 또는 필요한 조치를 취하도록 하는 조항이 반드시 있는 것이다. 그래서 공직자가 추가로 필요하다고 주장하는 것이다. 이러한 현상은 비단 경제관련 부처에만 해당되는 이야기가 아니다. 본말전도다. 무엇 때문에 공직자들이 존재하는지가 불분명해지는 것을 넘어서 공무원들이 있기 때문에 그러한 법령들이 존재하게 되어 버린다.

왜 이러한 현상이 나타날까? 해당 공무원들이 형편없어서 그럴까? 정말 수준 이하의 공직자들이 존재하기 때문에 그럴까? 정말로 국가관이나 애국심이 하나도 없는 이기심으로 가득 찬 공무원들이 있기 때문일까? 아니다. 그들은 누구보다도 머리 좋고 똑똑하고 국가관이나 애국심에도 문제가 없다. 대부분의 공무원들은 개개인으로 들여다보면 아주 합리적일 뿐 아니라 공직관이 투철하기까지 하다.

답은 이외로 간단한 곳에 있다. 공무원 스스로는 그러한 법령들이 문제가 있음을 너무도 잘 알고 있다. 그러한 규제가 바람직하지도, 또한 효과도 별반 없다는 사실을 잘 알고 있는 것이다. 다만 조직 체계 속에서 그것을 감히 끄집어내어 난도질할 수 있는 분위기가 아니기 때문이다. 바로 해답이 여기에 있다. 그 일을 할 수 있는 누군가는 다름 아닌 기관의 장들이다. 그들만이 그 일을 할 수가 있다. 직원들이 하고 있는 일을 하나하나 들여다보면서 꼭 해야 할 일인지, 하나마나 한 일인지, 해서는 안 될 일인지를 결정해서 전광석화처럼 정리하여야 한다. 하나마나 한 일은 그 인원과 조직을 대폭 줄이고, 해서는 안 될 일은 그에 해당하는 조직과 인력을 없애서 꼭 해야 할 분야와 시대가 변함에 따라 추가되는 새로운 일에 투입하여야 한다.

조직 개편의
진실

● ● ●

사람들은 조직 개편이 되면 모든 것이 다 해결될 것이라고 생각한다.
그렇지 않다는 것을 공직자들은 알더라도 조직 개편이 끝나면
그다음으로 정리해야 할 일을 망각한다.

조직은 일단 만들어지면 조직 스스로가 자생력을 갖고 스스로 몸집을 불려나가려는 속성을 갖는다. 박근혜 정부가 출범하면서 이명박 정부의 15부 2처 18청의 조직을 17부 3처 17청으로 늘리는 조직 개편을 하면서 여러 가지 우여곡절이 많았다. 일부 부처의 변동과 미래창조과학부의 신설, 그리고 식품의약안전청의 처로의 승격 등의 내용을 담은 조직 개편안이 국회 통과가 늦어지면서 정부 출범 후 상당 기간 경과한 후에야 내각이 구성되는 상황이 있었다는 것은 이미 잘 알고 있을 것이다.

여기서 이야기하고 싶은 것은 법안 통과가 늦었다는 사실을 비난하거나 부처 신설 통합 변경의 당위가 아니다. 조직 개편의 경직성에 대해 이야기하고자 하는 것이다. 왜냐하면 이 문제는 조직의 존재 이유와 밀접한 관련이 있기 때문이다. 일부에서는 조직이 수시로 변동되면 조직의 안정성을 해칠 뿐 아니라 국민들에게 혼란을 준다는 부작용을 들어 조직 개편이 급격히 이루어져서는 안 된다는 논거로 삼고 있다. 과연 그럴까? 많은 국민들은 어떤 일을 어느 부처에서 하는지 잘 모른다. 더군다나 하부조직인 실, 국, 과 단위로 들어가면 그런 과가 있다는 사실을 알 수 없다는 것도 당연하다. 그만큼 국민들은 관심도 없고 사실 잘 알 수도 없다.

그러나 구체적인 비즈니스 관계에 들어가면 이야기는 달라진다. 어떻게 그런 조직이 있을까 싶을 정도로 비즈니스에 깊숙이 간여하는 조직이 있다는 사실을 알고 또 한 번 놀란다. 구체적인 간여를 하는, 간여를 할 수 있는 근거 법령을 운영하는 조직이 있다는 것이다.

이러한 현상은 왜 발생할까? 당초 이러한 근거 법령들은 탄생 당시에는 시의적절한 조치였을 수도 있었을 것이다. 하지만 시간이 흐르면서 더는 시대의 흐름에 부합하지 않음에도 불구하고 존재하고 있는 것이 문제이다. 누구도 이를 바로 잡지 않았다. 그리고 시간이 경과하면서 새롭게 요구되는 국민들의 욕구에 부응하기 위해 끊임없이 새로운 분야의 업무가 창출됐다. 그러면 새로운 업무를 추진하기 위해 인력, 조직, 예산 투입이 뒤따랐다. 새로운 업무 수요를 위한 인력, 조직, 예산이 계속해서 투입되기만 하고 시대에 부응하지 않거나 그리 중요성이 떨어지는 업무들이 정리되지 않는다면 정부는 계속 팽창할 수밖에 없다. 지금까지의 정부 규모는 그러한 과정을 거쳐 팽창해왔다. 조직의 팽창을 막으려면 조직 개편이 수시로 이루어져야만 한다. 시대가 변하여 공공 부문에서 추진하는 것이 맞지 않거나, 아니면 민간이 더 잘할 수 있는 영역은 공공 부문에서 손을 떼게 해야 한다.

부처 간
중복 업무

· · ·

중복되는 것은 하나로 합치는 것이 정답으로 가는 방법이다.
오답으로 가는 방법도 있다. 돌아가면서 업무를 맡는 것이 그것이다.
실제 공직 현장에는 오답이 당연시되는 곳이 많다.

2005년은 환경 문제가 전 세계적인 트렌드로 한창 부각되던 시기였다. 따라서 환경부뿐만 아니라 각 부처에서도 환경관련 업무 영역을 확대하기 위해 경쟁하고 있었다. 환경 관련 업무 중에는 친환경 건물에 대해 등급별 인증을 하고 이에 상응하는 행정적, 재정적 인센티브를 제공하는 업무가 있었다.

당시의 건설교통부, 산업자원부, 그리고 환경부가 이 업무와 직·간접적으로 연관이 되었다. 건물관리 차원에서 보면 건설교통부가, 에너지 효율이라는 점에 방점을 두면 산업자원부가, 환경 정책이라는 측면에서 보면 환경부가 그 업무의 주인공이 되는 것이 타당한 일이었다. 급기야 세 군데의 부처가 모두 자기 고유의 업무이므로 자기들이 관장하여야 한다고 주장하였고 결국 관장 부서를 정하기 위해 해당 부처들이 모여서 조정회의를 개최하였다.

서로의 주장들이 오가는 난타전 끝에 드디어 결론을 내렸다. 해법은 정말 솔로몬의 해법을 능가하는 신출귀몰한 것이었다. 3년 주기로 세 개 부처가 일 년씩 번갈아 가며 담당키로 한 것이다. 동창회 회장 맡듯이, 정부 일을 그렇게 처리하기로 한 것이다.

세 개 부처의 공무원들은 비난하기 위해서 이 사례를 언급한 것은 아니다. 어느 부처 실무자 또는 실·국 과장들도 이러한 분쟁을 국민의 입장에서 해결할 수 있는 상황이 될 수 없을 뿐만 아니라 그렇게 하리라 기대하기도 어렵다. 실무자 선에서는 결코 해결할 수 없다. 그건 오로지 기관의 장들만이 할 수 있다 (아마도 그 당시의 장관들은 이러한 일들이 있었는지조차 기억도 못하겠지만 말이다. 당시 장관들은 그런 사소한 것을 장관이 어떻게 알겠느냐고 항변할지도 모르겠다).

제대로라면 이 경우 그 업무는 어느 한 개 부처에서 담당케 하고 나머지 두 개 부처의 담당 인력은 보다 더 필요한 곳으로 배치하여 일하게 했어야 한다. 아니면 그 업무 자체를 중앙 부처가 아닌 지자체에 넘기거나 또는 기존 협회가 있다면 그곳에서 수행토록 사무 위탁하는 방식으로 하고, 기존 인력은 보다 더 필요한 신규 업무에 활용했었어야 올바른 해법이 아니었을까 한다.

불편한
진실

● ● ●

지속적인 중복적인 업무의 정비, 즉 개혁이 필요한 이유는
결국 국민들의 세금으로 조직을 운영하고 봉급을 주고 경비를 사용하기 때문이다.

우리는 새로운 정부가 들어설 때마다 '부처 간 칸막이를 제거하겠다'라는 말을 누누이 들어왔다. (그만큼 부처 간의 협의가 어렵다는 점을 단적으로 증명하는 일일 것이다.) 이번 박근혜 정부에서도 어김없이 부처 간 이기주의 타파와 부처 간 협업을 강조하고 있다. 잘 이루어지기를 진심으로 바라지만 기대만큼 협업이 성공적으로 이루어지고 있는 것 같지는 않다.

그 이유는 간단하다. 부처 간 이기주의나 칸막이를 없앤다는 것은 어느 부처에게는 권한의 축소를 가져오는 일이기 때문이다. 부처 간의 중복을 피하려면 누군가는 그 일에서 손을 떼야 한다. 조직과 인력과 예산이 줄어드는 것이다. 하지만 그렇게 되면 그 조직의 구성원들은 당장 다음 번 평정이나 승진 등 인사상 불리한 상황에 놓인다. 어떤 부처든 조직의 확장에 기여한 선배 공무원들이 추앙 받는 전통을 가지고 있다. 그럼에도 자기가 재직할 때 조직 축소나 예산 삭감이나 인원 축소의 결과를 바라는 사람이 어디 있겠는가. 하물며 이러한 결과를 초래하는 일은 솔선해서 추진할 장관이, 차관이, 실장이, 국장이, 과장이, 담당자가 거의 없다.

이전 정부에서도 그래왔고, 그 이전에도 마찬가지였으며, 지금도 마찬가지다. 알지만 잘 안 되는 일은 비단 부처 간 협업 또는 이기주의 타파 문제만은 아니겠지만 정말로 어렵고 힘든 일이다. 부처의 구성원들이 알면서도 하지 못하기 때문이다.

앞에서 말한 자전거 도로 설치 사업 추진 과정도 다른 것보다도 부처 간 협의가 매우 어려웠다. 좋은 말로 "설득 과정을 거쳤다"라고 말했지만 거의 반 협박에 가까웠다고 표현하는 것이 더 맞을 듯 싶다. (정말로 설득으로 협의가 가능했다고 말한다면 독자들을 속이는 것이나 다름이 없다. 흔히 글을 쓸 때는 사실보다 더 아름답게 꾸미거나, 대폭 내용을 순화하거나 아니면 사실과 다르게 각색을 하는 일이 비일비재하다.)

현실은 설득이 아닌 '우위에 선 힘의 배경으로 인한 논리적인 요청'이라는 표현이 더 어울리는 듯하다. 아무리 논리적인 근거를 가지고 설득한다고 하더라도 하고자 하는 방향으로 부처의 협력을 이끌어낼 수 없다. 그만큼 부처 간의 협조란 어렵다. 논리적이고 합리적인 판단이 작용하는 것이 아니라 조직 내부에 형성된 조직 내부적 자율통제 논리가 더욱 더 크게 구성원들의 행동을 통제하는 기제로 작용하기 때문이다.

그 당시 그 사업이 진행되기 위해서는 추진 가능한 법적 뒷받침과 예산 확보, 그리고 시기적으로 적절한 타이밍 확보가 관건이었다. 만일 그 당시 부처의 간부 한 사람만의 논리적 무장과 설득으로 그 일이 가능했다고 말한다면 이는 명백한 허위 과장광고나 다름이 없다. 해당 부처의 장관이 움직이지 않으면 되는 일이 거의 없다고 봐도 된다. 그런데 해당부처의 장관들은 타 부처 장관이 협조를 요청한다고 해서 그것을 아무 조건 없이 순순히 들어 줄까. 물론 아니다.

결국 대통령이 나서서 누군가에게 주도적으로 힘을 실어주어야 일이 돌아간다. 정부 전체적으로 보면 실로 작은 국지적 사업이지만 남한강 자전거 길 조성사업도 대통령이 나서지 않았다면 분명 추진되지 못했을 것이다. 대통령이 관계 장관에게 적극적 협력을 지시했고 이를 계기로 적절한 타이밍에 그 정책이 추진되는 결과를 가져왔다는 사실이 중요하다. 그냥 내버려뒀다면 결국에는 서로 부딪혀 부처 간 주도권 다툼이나 절차적 공방만 하다가 정권이 끝나면서 없던 일이 될 수도 있었다. 우여곡절 끝에 추진이 시작되었다 하더라도, 끝을 보지 못하고 계획이 대폭 수정되거나 일이 지지부진해져서 차라리 하지 않은 것보다 못한 결과를 초래했을 지도 모른다.

왜 그렇게 부처 간 협의가 어려운 것일까. 그 답은 조직 논리에 있다. 조직에 손해를 가져오게 되는 사안에 쉽사리 협의나 동의를 해주면 그 사람은 그 조직에 해를 끼친 사람이 되는 것이다. 그 결정을 한 사람이 장관이든 실무자든 가리지 않는다. 이런 분위기는 조직 자체의 본성에서 기인한다. 구성원 개개인의 특성과는 관계없는 일이다. 제도적인 본질 속에 그 원인이 있다. 그 본질을 더 들여다보자.

독임제의
폐단

● ● ●

권한은 한 사람에게 집중되면 반드시 남용된다.
그 내재적 불문율의 싹이 자라나는 터전은 조직의 존재 이유에 대한 성찰을
그 누구도 강조하지 못하는 데 문제가 있다.

국가의사를 결정하는 행정기관의 설정방법으로 합의제에 대응하는 개념의 '독임제'라는 것이 있다. 일반적으로 대륙법계[2] 국가에서 채택하고 있는 방식으로, 국가의사를 결정하는 행정기관으로 그 행정기관의 장인 행정관청에게 그 권한을 일임하는 방식을 말한다. 한국의 경우도 대륙법계에 속하기 때문에 행정기관은 행정관청의 독임제가 원칙이다. 대통령에 의해서 임명된 장관이 해당 부처의 업무처리를 각자 자기 책임 아래 결정하고 행사하며, 따라서 그 결과도 장관이 책임지는 방식이다.

그러나 실제는 이 독임제가 부처 간 할거주의나 칸막이 행정의 근원적 요인이 되고 있는 것이 현실이다. 장관 개개인의 속성이나 인성 때문이 아니라, 조직 속에 면면히 흐르는 내재적 질서 때문에 그런 것이다. 내재적 질서란 구성원 개인의 노력으로는 바꾸기 어려운 불문율 같은 것이라 할 수 있다. 장관 독임제는 이러한 내재적 불문율을 강화시키는 결정적 역할을 한다. 각 부처의 조직은 독임제의 그늘에 숨어서 그 불문율을 알게 모르게 강화시켜 나가는 방향으로 작동하는 것이다. 부처 간 이기주의나 할거주의를 타파하기 위해서는 이 내재적 불문율을 깨뜨려야 한다.

이를 위해서는 제도적으로는 부처의 권한을 적절히 분산시켜야 한다. 물론 책임도 함께 분산시키고 의사결정과정을 보다 단순화하여

---

2 법의 해석에 따라 판결하는 제도로 독일 및 프랑스 등의 유럽대륙에서 사용한다. 반대말은 '영미법'으로, 선례나 관습법에 근거하며 재판관의 경험에 따라 판결한다.

대폭 하부로 위임하여야 한다. 모든 분야를 한 사람이 결정하는 시스템은 비능률적인 것을 넘어 남용으로 나타난다.

독임제적 부처에 위원회적 성격을 감안한 적정 수준의 합의제 형태의 의사결정구조를 혼합하는 것을 독임제의 폐단을 줄이는 하나의 방안으로 생각해 볼 수 있다. 그러나 위원회 운영 경험상 제대로 효과를 본 적은 많지 않다. 따라서 유사 중복적 성격을 갖는 부처의 일정 업무 분야는 해당 부총리가 특정부처로의 귀속 결정권한을 행사할 수 있도록 하거나 아예 유사 중복 업무 관련 다수 부처를 관할하는 경제부총리나 사회부총리의 업무로 이관시키는 방안도 검토해 볼 필요가 있다. 독임제 장관 체제하에서는 부처 간 중복되거나 유사한 업무를 부처가 자율적으로 정리할 수 있는 가능성은 희박하기 때문이다.

울타리에
갇힌 시선

· · ·

울타리에 갇힌 것은
비록 소나 말과 같은 가축들만이 아니다.

어떠한 조직이든 조직 자체는 스스로의 규율과 내부적 질서를 갖고 있다. 학자들은 그것을 '조직 문화'라고도 이야기하고 '관료주의'라는 말로 표현하기도 한다. 젊은 나이에 어느 조직의 구성원이 되면 그 조직의 일원으로서 행동하고 그 행동이 그 사람의 사고의 틀을 형성하는 단계로 이어진다. 일정한 시간이 흐르면 조직의 문화를 더욱 공고히 하는 일원으로서의 역할을 하는 열성적인 구성원으로 바뀌어가는 것이다. 따라서 어떤 사안들에 대해 바라다보는 시각이나 시선은 점점 더 한 방향으로 고착화되는 경향을 갖는다.

일반 기업의 경우에는 조직의 규모가 클수록 이러한 경향이 두드러진다. 하지만 일반 기업이야 무슨 문제가 되겠는가. 그 일방성으로 인한 손해는 오롯이 그 일개 기업이 떠안으면 그만인 것을. 하지만 공공 조직은 다르다. 그들이 하는 일이 곧바로 일반 국민들에게 영향을 미치기 때문이다. 조직에 속하게 되는 날부터 그 구성원들의 시각은 한쪽으로 기울기 시작한다. 본인은 그것을 인식조차 못하는 순간순간 그렇게 조금씩 시각이 한 쪽으로 기울어가는 것이다. 공공 조직의 일원으로서만 세상을 바라다보는 것이다. 그 조직의 시각으로만. 마치 창을 통해 바깥 풍경을 내다보며 세상을 이해하고 진단하고 처방까지 내리는 격이다. 제레미 벤담의 원형 감옥 건물의 중앙탑 안에서 죄수들의 시각으로 그렇게 일방향으로 세상을 보게 되는 것이다. 그것이 그들의 유일한 시각인 것처럼 느끼고 행동한다. 아니 그와 다른 방향에서의 시각이 있다는 사실조차도 인식하지 못하는 것이다. 감옥 안에 있는 간수들이 그들을 바라다보고 있다는 것을 느끼지 못하는 것처럼 말이다.

　과거와는 달리 시선의 불일치는 더 이상 존재하지 않음에도 아직도 그것을 깨닫지 못하고 있는 것이다. 국민들이 공직자들을 바라다보는 시선과 시각, 이것이 바로 공직자의 수준을 결정하는 시대로 들어선 지 오래되었음에도 정작 공직자들은 이를 알아차리지 못하고 있는 것이다. 본인들을 바라다보는 시선과 시각이 있는 데도 이를 알아차리지 못하는 시선의 불감증, 그 둔감함이 문제인 것이다. 그 시선의 불일치는, 시선의 둔감함은, 그 시선의 인식에의 불균형은 어디서부터 기인된 것인가. 그것을 명확히 밝혀내서 이를 치유해야 한다. 그렇지 않다면 공직은 더 이상 국가에 대한 비전도, 국민에 대한 미래도 없다.

유연한
조직

● ● ●

기본적인 구조를 유지한 유연함은
강함을 이긴다.

공공 조직은 관료제적 시스템을 대부분 가지고 있다. 계급에 의한 공공 업무의 처리, 위계시스템이 바로 그것이다. 계급에 따라 책임지는 범위와 일하는 범위가 달라진다. 이런 연유로 생각하는 범위와 폭도 달라진다. 당연히 시선의 폭과 방향도 상층부에 속할수록 다양하고 폭도 넓어지는 것이 당연한 것처럼 생각된다.

그러나 실제는 그렇지 않다. 오히려 시선의 폭이 좁아지고 일방향성을 갖는다는 데에 공공 조직의 비극은 시작된다. 조직의 위계가 강하면 강할수록 시선은 일방향성을 갖는다. 자기 상관이 어떤 방향성을 갖고 있는지에 따라 하부의 방향성이 결정된다. 시선의 쏠림 현상, 즉 시선은 좁아지고 한 곳으로 향한다. 국민들이 바라다보는 시선과 시각을 받아들일 틈이 없다. 예를 들어, 한 부처의 장관이 대통령이 어떤 생각을 갖고 있는지에만 시선이 고정되어 있다면 그 부처의 하부 조직의 시선도 그곳으로 쏠린다. 국민의 시선은 안중에도 없게 된다. 의사 결정은 대통령의 뜻에 거슬리지 않는 방향으로 흐른다. 국민의 시선과 공공 부문의 시선의 차이가 벌어진다. 그런 정책들이 양산되면 당연히 정부 불신은 높아진다. 국민의 눈높이에 부응하지 못하기 때문이다. 강력한 위계질서는 효율성에는 도움을 줄 지는 몰라도 국민의 시선을 반영하기에는 걸림돌이 된다.

그러면 어떻게 그 시선을 교정하여야 하는가. 다른 곳을 볼 수 있는 조직의 유연성을 길러 줘야 한다. 그래서 기관의 장의 역할은 아주 중요하다. 조직이 나아가는 방향을 결정하는 조향 장치이면서 전후좌우를 분간하고 살필 수 있도록 하는 백미러, 후방센서, 후방 카메라의 역할을 하는 위치에 있기 때문이다. 조직 내부의 시선이 아닌 외부의 시선을 적절히 수용할 줄 알고 이를 최고 의사 결정권자에게 현명하게 전달하여 공감시키는 능력이 바로 기관장이 가져야 할 덕목이다.

기관장의
역할

· · ·

모두가 잘 알고 있는 것은 진부하지만 진실에 가까운 법이다.
기관의 장의 역할 또한 마찬가지다.

기관장은 해당 조직의 방향성을 좌우하는 조향장치와 같다. 그가 어떻게 방향을 잡느냐에 따라 조직을 앞으로도, 좌우로도, 뒤로도 가게 할 수 있다. 그 조향 장치의 방향을 결정하는 것은 조종하는 사람의 생각에 달려 있다. 그가 생각하고 조종하는 방향에 따라 차량은 움직인다. 좋은 길이든 나쁜 길이든, 꼭 가야 할 길이든 가서는 안 될 길이든 결정된다. 지금의 공공 조직은 어떠한가. 과연 제대로 된 길을 가고는 있는 것인가.

조직이 제 길을 갈 수 있도록 조직의 책임을 맡고 있는 사람들이 제 역할을 하고는 있는지 의문이다. 조직이 제 길을 가려면 조직의 구성원들이 열린 시야를 확보할 수 있도록 지속적으로 관리하고 채찍질하여 끊임없이 단련이 되도록 하여야 한다. 일반적으로 구성원들은 조직 속에 파묻혀 매일매일 눈 앞에 닥친 이런 저런 복잡 다양한 현안들을 처리하느라 본인들이 왜 그 자리에 있는지를 깨닫지 못할 때가 많다. 수동적으로 밀려온 닥친 일들을 처리하기에도 급급할 뿐이다. 그러니 그 구성원들이 자기가 속해 있는 조직의 근원적인 존재 이유에 대해 생각하는 것을 기대하기는 어려울 수밖에 없다.

따라서 방향을 잡는 일을 담당해야 할 몫은 오롯이 기관장을 포함한 간부들이다. 그들은 일 속에 파묻혀 있는 직원들이 생각할 수 있도록, 존재 이유를 되돌아볼 수 있는 생각의 장으로 구출해내야 한다. 왜 그 일을 해야 하는지조차 모른 채 허우적거리는 직원들을 스스로 생각하도록 만들어야 한다. 왜 그 일을 해야 하는지조차 모르고 하는 사람과 왜 그 일을 해야 하는 지를 명확히 인식하고 이를 내면

화한 상태에서 일을 하는 직원과의 성과 차이는 실로 엄청나기 때문이다.

관리자가 존재하는 이유는 조직의 구성원들이 그들의 존재 이유를 생각하면서 일을 할 수 있도록 하게 만드는 데에 있다. 행정학에서 말하는 동기부여라는 의미보다는 구성원 개개인의 존재 이유라는 철학적 질문에 대한 대답이 명확히 설정될 수 있도록 만들어주는 것이라 할 수 있다. 지금까지 간부들의 역할은 직원들이 열심히 일할 수 있도록 사기를 북돋우거나, 신상필벌(信賞必罰)을 명확히 하고, 공평한 인사관리를 통해 조직이 성과를 낼 수 있도록 동기를 부여하는 데에 치중해 왔다. 물론 동기부여도 중요하다. 그런데 무엇을 위한 동기 부여인가가 더 중요하다. 조직이 추구하고 있는 현재의 목표가 타당한지, 실제 그것들이 공공 부문에서 꼭 해야만 하는 일인지, 일을 하는 직원들이 그것을 명확히 알고 일을 하는 것이 단순히 일을 열심히 하는 것보다 훨씬 중요하다. 해서는 안 될 일까지 열심히 하도록 동기 부여하는 것은 아닌지 꼭 되돌아볼 필요가 있다.

우리
회의했어요

●　●　●

K 장관은 퇴근하는 승용차 뒷좌석에 몸을 파묻으며 자신에게 이렇게 말한다.
"오늘도 눈코 뜰 새 없이 바쁜 하루였어. 다섯 개의 회의와 세 개의 행사를 소화했으니."
그의 입가엔 왠지 모를 만족감이 배어난다.

각 부처별로 행사가 참 많다. 내 재직 시절에도 내부 행사든 외부 행사든 매일 한 건 이상은 반드시 있고, 회의는 두말할 필요도 없이 많다. 항상 일상이 판에 박힌 듯 아침에 회의와 행사, 오후에 다시 회의와 행사가 이어진다. 일에 대해 고찰할 틈도 없이 말이다. 더군다나 직원들이 하는 일을 자세히 들여다보고 해야 할 일인지 고민할 수 있는 여력도 없이 어느덧 하루 일과가 지나간다. 퇴근길에 문득 이런 생각이 든다. '난 오늘 무슨 일을 했지. 하루 종일 행사, 회의에 끌려 다니다시피 일과를 보냈지만 내가 오늘 한 일은 과연 무엇인가?'

질문에 대한 명쾌한 답은 없다. 오로지 '오늘도 바쁘게 시간을 쪼개어 움직였다'라는 사실밖에는 달리 설명할 방법이 없다. 혹자는 이런 현상을 자조적으로 표현해 자위 행정이라고도 한다. 바쁘게 움직였다는 사실만 뿌듯해 하는 스스로의 만족 말이다. 회의는 더욱 더 문제다. 통상 중앙 부처 단위의 회의는 결론이 없다. 각 부처의 입장을 누가 설득력 있게 표현하느냐 하는 프레젠테이션 장 같다. 그렇다고 해서 설득력 있는 설명이 채택되거나 영향을 주는 것도 아니다. 그날 회의에서 언급된 내용을 토대로 다음 회의에서 또 이야기하는 것으로 종종 결론이 난다. 회의에 참석하거나 주제한 사람들은 주제가 어떤 진전을 보이거나 결론에 도달한 것에 대해 뿌듯해 하기보다는 회의 자체를 한 번 가졌다는 사실이 바로 업무의 결과물이 되고 마는 것이다. 그래서 통상 회의가 끝나면 '회의를 개최했다'라는 사실이 제일 중요한 결과물이 된다. 어처구니없게도 다음 번 회의를 하면 어떠한 주제를 다뤘다는 두 번째의 실적만 남는다. 본인이 한 일이 국민들의 행복이나 가치를 높여주는 일과 관련이 있는지, 정말 동떨어진 일과인지 본인들은 알고 있는지, 아니면 알려고 하지도 않는지 모를 일이다.

분명 지금도 중앙 부처 사무실은 아직도 불이 훤하게 켜져 있고 공무원들이 열심히 관련 법령을 들여다보면서 규제 관련 조항을 탐색하고 있을 것이고, 그들의 머릿속에는 그 관련 조항들이 규제 개혁 성과의 숫자로 계산되고 있을 것이다. 총 몇 건의 규제 조항을 발굴해 몇 건의 규제 개혁을 이뤘다는 식으로 합산된다. 물론 규제 개혁 성과는 법률개정으로 나타난다. 그러나 법률개정은 규제 개혁 과정의 마지막 단계이므로 법률개정안이 제출된 것을 진행 중으로 할지 아니면 성과로 계산할지는 좀 더 지켜봐야 할 것이지만 과정도 모두 성과로 정리된다.

규제 개혁 이야기가 나왔으니 여기서 하나 더 언급해야 할 중요한 사안이 있다. 바로 법률과 시행령의 문제다.

법률과
시행령의 차이

• • •

법률과 시행령은 실제 그것을 제때 고치느냐가 더 중요하지만
대부분의 논란은 누가 권한을 갖느냐로 귀결된다.

국회의원이 만드는 것이 법이고, 행정부의 수장인 대통령이 만드는 것이 시행령이다. 법이든 시행령이든 국무위원(장관)이 만드는 규칙이든 간에 모두 어떤 현상에 대한 법칙이다. 통상 국회는 포괄적인 룰을, 행정부는 시대 변화를 감안하여야 하는 세부적이고 구체적인 룰을 만든다고 알고 있다.

하지만 실제는 그렇지 않은 경우가 많다. 국회의 권한이 강화되면서 아주 구체적인 사항까지도 법으로 제정되어 있는 경우가 허다하다. 그러니 시대의 흐름 즉, 국민의 욕구 수준은 하루가 멀다 하고 변하는 데 그때마다 법을 고칠 수 없으니 시대 상황과 맞지 않는 법률 규정들이 많아질 수밖에 없다. 이 또한 규제 조항이 많다고 느끼게 만드는 하나의 중요한 요소가 된다.

그런 조항들이 많이 발생하게 되는 요인 중 하나는 공무원들의 사고방식에 있다. 중앙 부처의 공무원들은 자기가 관리하는 소관법이 있느냐, 있다면 많은가 적은가에 따라 조직과 인원의 다과(多寡)는 물론, 위상이 결정된다. 당연히 그 조직의 성과도 '법 개정을 얼마나 했느냐'로 판가름 난다. 그러니 중앙 부처 대부분 과 단위에서는 법 개정 작업이 일의 대부분을 차지한다.

이미 시대적 상황은 법 조항 적용이 오히려 규제와 같은 역효과를 보고 있는 데도 불구하고 법 개정에 매달린다. 그런데 법이란 것이 며칠이나 몇 달 만에 고쳐지는 것이 아니다. 잘해야 1년 농사라고 했다. 더군다나 쟁점이 있는 법안의 경우는 해당 상임위원회를 통과하기 위해서는 과반수 찬성이 아닌 60% 이상이 동의해야만 처리가 가능하게 되어있는 소위 국회 선진화법 때문에 이마저도 장담을 못한다. 논의조차도 이루어지지 못한다. 기껏해야 고쳐지는 법률안이라는 것이 자구 수정이나 다른 법 개정에 의한 자동 반영 사안 정도다. 그러면 어떻게 해야 하나. 법치주의 국가에서 법을 무시할 수도 없는 노릇이고, 시대에 맞지 않는 조항들은 하루라도 빨리 바꾸어야 하는데 어떻게 해야 할까.

답은 이외로 간단하다. 시행령이다. 모든 법률 조항을 뜯어보면 시행령 개정만으로 충분히 시대 변화에 부응하여 법률 운용을 할 수 있다. 국민이 급히 요구하면 시행령을 고쳐서라도 시대 상황에 맞게 일처리를 해야 한다. 국민의 대표인 국회를 무시한다는 판에 박은 레퍼토리로 비난할지도 모르겠다. 그러나 그런 일 잘하라고 국민들 세금으로 공무원 봉급을 받는 것 아닌가. 빠른 시대의 변화 흐름에 현재의 법률시스템은 도저히 따라갈 능력도 개선의 의지도 없어 보인다.

그런데 문제가 생겼다. 지난 5월 29일 국회는 공무원연금법을 통과시키면서 국회법 개정안도 같이 처리하면서 일이 불거졌다. 국회가 정부 입법인 시행령에 대한 수정 요청을 하면 정부는 이를 검토 처리 후 국회에 보고토록 하는 내용으로, 즉 국회에 시행령 수정 요청 권한을 부여한 것이다. 국회법 개정안은 찬성 211명, 반대 22명, 기권 11명으로 찬성률 86%로 통과되었다. 국회 권한 강화에 대해 국회의원들 대다수가 찬성한 것은 충분히 예견되는 상황이고 결과다. 문제는 권한 강화에 따른 책임이다. 시대에 뒤떨어진 법 조항들은 시대 변화에 맞도록 수시로 바꾸어 줘야 할 책임이 있는 것이다.

그러나 국회 선진화법으로 국회가 책무를 다 할 수 없도록 만들어 놓았으니 책임보다는 권한만 강화된 꼴이다.

위헌 시비가 일고 거부권 행사 여부가 초미의 관심사로 대두되었지만, 중요한 것은 그것이 아니다. 누가 시대 흐름의 적기에 시간을 놓치지 않고 법이든 시행령이든 바로잡아 주느냐가 중요하다. 그 일을 제대로 하느냐 못하느냐와 관계없이 시행령은 정부의 책임 범위 내의 몫인 것은 분명하다. 국회는 국회법 개정을 통한 권한 강화에 신경 쓸 것이 아니라 행정부가 시행령을 시대에 맞도록 제대로 고쳐나가는지를 상임위 활동에서 꼼꼼하게 따지고 시대에 맞도록 기존의 법률들을 고쳐나가는 것이 바로 국회가 우선적으로 하여야 할 일이다.

이런 관점에서 시행령보다 더 무서운 것이 있다. 바로 시행규칙이나 실무처리를 위한 업무매뉴얼과 같은 준칙들이다. 이것들은 때로는 국민들에게 더 큰 영향을 발휘하기도 한다. 지방자치단체의 조례, 규칙 등도 또한 마찬가지다.

시행규칙, 조례,
조례시행규칙의 한계

· · ·

때로는 국민이 만나야만 하는 최일선의 업무창구 직원에게 적용되는

업무처리 지침이 더 큰 권력을 발휘한다.

법보다 주먹이다.

강남구에서 조그만 중소업체를 경영하는 A씨는 해외 시장 개척을 위해 수시로 출장을 다닌다. 몇 달 동안 국내 일로 여념이 없던 그가 갑자기 내일 당장 중동으로 가야 할 일이 생겼다. 급한 일을 마치고 여권을 챙기던 그는 그의 여권에 출입국 시 해당 국가 입국 심사장에서 확인해 주는 입국 허가 도장을 찍을 곳이 한 장도 남지 않은 것을 발견하고 모 구청의 여권과를 찾았다. 담당 창구 직원은 여권을 새로 발급 받아야 한다고 말하며 빨라도 2-3일은 기다려야 한다고 말한다. 외교부장관 관인 등을 찍어야 하는 실무적인 처리 기한이 적혀 있는 업무처리 규정대로 A씨에게 말한 것이다. 그러나 A씨는 내일 당장 비행기를 타야 한다. A씨는 담당 창구 직원의 업무처리 여하에 따라 운명이 결정되는 것이다.

시행규칙은 부처 장관의 결재만으로 탄생된다. 만들어지는 과정이 어떠하든 문제는 법률 형식과 관계없이 국민들에게 발휘되는 효력은 모두 동일하다는 데 있다. 그 중에서 더욱 문제가 되는 것은 실무자들의 지침서이자 바이블 같은 효력을 발휘하는 업무처리 절차, 즉 업무매뉴얼(준칙)이다.

업무매뉴얼의 영향력은 모든 실무 공무원들을 지배한다. 아니 그들의 업무처리 방식을 결정하게 된다. 업무매뉴얼에 정해진 절차에 따라 처리하는 공무원이 성실하고 유능하고 일을 잘하는 공무원이 된다. 업무 승계도 바로 이 업무매뉴얼에 따라 이루어진다. 전임자는 후임자에게 이것을 전수한다. 어떻게 보면 이 매뉴얼이 곧 전 공직자 업무의 전부가 되어버리는 것이다. 물론 요령 있는 공무원은 이 업무매뉴얼을 법규에 저촉이 없는 한도 내에서 재량을 발휘하는 노하우를 터득하기도 한다. 가끔은 그 매뉴얼이 느슨한 부분이 있어서 이를 잘 활용하면 재량권을 행사할 여지가 많다는 것을 발견하는 경우도 더러 있다. 관리자들은 이러한 내용들이나 실무 공무원들의 행태를 알 방법이 없다(사실 알려고 하지도 않는다. 더 정확히 표현하면 알아낼 실력이 없거나 알지만 방치하는 경우가 대부분이다). 업무에 정통한 관리자가 많지도 않을 뿐 아니라 알더라도 그런 세부적인 부분까지 간여하는 것은 공직사회에서 그야말로 쪼잔 한 사람으로 취급 당한다는 사실을 누구보다 잘 알고 있기 때문이다.

관리자들은 상하좌우로부터 원만하다는 평을 듣기 위해 노력한다. 경험적으로 그런 유형의 리더십을 발휘하는 관리자가 더 공직자로서 장수하고 남들보다 먼저 더 높은 자리에 올랐다는 사실을 잊고 있지 않기 때문이다. 그래서 대부분의 공직자는 상하 간에 원만한 관계를 유지하는 인성을 갖도록, 아니 그런 평가를 받기 위해 노력하는 데 몰두한다. 직원들의 경조사를 챙기고, 고생한다고 격려하는 술자리를 자주 갖고, 인간적인 면모를 흠씬 풍기기 위해 노력하는 것이다. 해야 할 일을 제대로 하면서 인간적인 정까지 듬뿍 발산한다면 누가 뭐라 하겠는가. 문제는 할 일은 하지 않고 인간적인 상사의 면모만을 보이기 위한 노력만 하는 관리자가 많다는 데 있다.

하지만 실무 공무원들이 어떻게 일을 처리하느냐가 국민의 실생활과 직결된다는 엄연한 현실은 바뀌지 않는다. 그 부담을 오로지 국민들 몫으로 돌려야 하는가. 물론 아니다. 국민들의 입장에서 관리자는 잘고 간섭하고 '쪼잔한' 사람이 되어야 한다. 시시콜콜 시시비비를 가리는 시어머니가 되어야 하는 것이다. 실무 공무원들에게 잔소리하는 만큼 국민들이 편해지고 손해를 보지 않는다. 그래서 관리자들은 실무 공무원들이 법규 이외의 업무처리 방식인 하위규정들이 어떻게 형성되고 관리되고 실행되는지 매일 점검해야 하는 것이다. 세심하고 섬세한, 그러나 큰 틀을 항상 잊지 않고 일관성 있게 견지하는 관리자가 되어야 한다.

사실 그렇게 하면 실무 공무원들은 싫어한다. 왜냐하면 그들은 아직 큰 틀에서의 공직자의 존재 이유를 성찰하기에는 시간적 여유가 없는 경우가 대부분이기 때문이다.

그래서 관리자는 직원들로부터 욕을 먹을 수 밖에 없다. 그러나 불만을 할 수 없는 합리적인 관리자, 그런 관리자가 국민들에게는 진정 필요한 것 아닐까. 지방자치단체의 경우는 더 말할 나위가 없다. 조례는 자치단체 의회가 만들지만 대부분 집행부 공무원들이 그 안들을 성안한다. 공무원들의 생각들이 반영되는 것이다. 시행규칙 또한 집행부의 전유물로써 실무 공무원들의 의지가 반영된 결과물이다. 물론 관리자들의 의향이 반영되기는 하지만 대부분 내용의 줄거리와 얼개는 실무자들의 사고의 산물이다. 그러니 그들이 어떤 생각을 갖고 있는지가 바로 업무처리 절차에 반영되어 주민들의 일거수일투족에 영향을 미치게 되는 것이다.

하나의 사례를 더 들어보자. 2005년 봄 서울 성동구 뚝섬 유수지 인근에 일단의 공무원들 10여명이 서 있다. 천연가스 충전소를 설치하려는 서울시 측과 민원이 있다는 이유로 이를 꺼려하는 성동구 측의 공무원들이 충전소 설치 입지에 관한 현장 확인을 하기 위해 모인 것이다.

성동구 관내를 운행하는, 그래서 성동구 주민들이 가장 많이 이용하는 버스에 연료를 충전할 장소를 찾다 보니 그래도 기존 주택가에서 가장 멀리 떨어져 있는 유수지 한 쪽으로 입지를 선정하는 것이 가장 적합한 것으로 판단되었다. 충전소를 설치하기 위해서는 도시계획시설 설치 변경 절차를 거쳐야 한다. 유수지의 일부에 자동차 관련시설을 중복으로 지정하는 절차를 거쳐야 한다. 이는 유수지의 극히 일부만을 변경하는 경미한 변경 사안으로 도시계획시설 변경 입안권이 구청에 있다. 구청에서 그 절차를 시작해야 가능한 것이다. 그러나 담당 구청 실무자는 이 절차를 진행하는 것을 꺼려하였다. 주택가로부터 거의 1km나 떨어져 있는 위치임에도 자기가 주도적으로 도시계획시설 변경 절차를 진행하면 그 민원은 오롯이 본인이 부담하여야 할 것이라는 점에서 가능하면 그 일을 하지 않았으면 하는 눈치였다. 민원이 있는 한 자기는 그 절차를 진행하지 않겠다는 것이었다. 구청장이나 국장 과장이 하라고 지시해도 자기는 할 수 없다는 것이다. 버스 연료를 청정연료로 바꾸어서 주민들의 건강에 위해한 요인을 줄이자는 사업취지에는 적극 동감하면서도 막상 그를 위한 부담은 지지 않겠다는 의도였다.

실제 기안을 담당하는 실무자가 못한다면 당장은 그 일이 추진되는 것을 기대하기는 어렵다. 법보다 주먹이 가까운 법이다. 담당자가 그 일을 처리하지 못하는 이유는 민원 때문인데, 민원을 이유로 절차가 진행되지 못한다면 공공 부분의 다수의 일이 민원이 유발되는 것임을 감안하면 일을 아예 하지 않겠다는 뜻과 다를 바 없었다. 감탄고토(甘呑苦吐). 달면 삼키고 쓰면 뱉는 행정의 전형이었다. 기관 간의 일 처리도 담당 실무자가 막무가내로 버티면 당장은 처리될 수 없다는 현실을 목도하는 것은 실로 답답한 일이었다. 기관 간의 협조도 안 될 바에 민원인의 경우 어떠하겠는가는 미루어 짐작해도 일반 시민들의 분통이 터질 지경이었을 것이다. 시민은 그들이 접촉하는 접촉점에 있는 실무 공무원들의 생각이나 업무처리 방향에 따라 일의 성패나 행복지수가 좌우되는 것이다. 실무 공무원들을 지배하는 것은 단체장의 생각이나 구체적인 업무처리지침, 즉 업무매뉴얼인 것이다.

그러나 그들이 왜 그 자리에서 그 일을 하고 있는지 자신들의 존재 이유에 대한 성찰을 해봤을까. 과연 그런 자치단체 공무원들이 몇이나 될까. 사실 찾기 어렵다. 그들이 그런 자신들의 존재 이유에 대한 성찰을 하도록 교육을 받거나 상사로부터 그런 이야기를 들어본 적도 없다.

여기서 문제가 발생한다. 누구도 어떤 상사도 그런 이야기를 하거나 조직 구성원들에게 그렇게 하도록 분위기를 형성하지 않는다. 그러면 실무 공무원들은 과거의 관례대로 그렇게 일들을 처리한다. 당연히 추호도 의심의 여지도 없이 그 일은 당연히 공공 부문에서 하여야만 하는 일로 기정사실화 한다. 그 업무 처리가 공공 부문에서의 불필요한 민간 간여로 작용한다 한들 그것이 개선이 되겠는가? 아니다. 그 실무 공무원들은 오히려 그 간여의 정도를 강화하는 데 기여할 뿐이다.

　따라서 관리자들은 실제 민원처리 현장에서 적용되고 있는 업무처리 매뉴얼에도 불필요한 공공 간여의 여지는 없는지 직접 챙겨볼 일이기도 하거니와 그러한 생각을 가지고 업무에 임하도록 실무 공무원들을 지속적으로 훈련시키는 것이 필요하다. 지금은 공공 부문의 존재 이유인 공익의 개념이 사익과 대별되는 대립적 개념이 아닌 보다 광범위하고 보편적인 공공의 이익은 공익과 사익의 범위를 모두 아우를 뿐만 아니라 그 구별 실익도 별로 커 보이지 않는다는 사실을 직시하여야 하는 시대다.

정부 신뢰를 높이는 것은 중요하다. 정부 신뢰가 낮으면 정책에 대한 효과도 반감될 뿐 아니라 새로운 정책을 시행해도 효과가 없기 때문이다. 문제는 그 정책을 수립하고 시행하는 데에는 반드시 비용, 즉 세금이 수반되는데 그만큼 세금이 낭비될 수 있다는 것이다. 적은 비용(세금)으로 동일한 정책 효과를 만들 수 있는 기제인 신뢰가 부족하면 그만큼 효과성이 떨어지는 것이다. 효과성이 떨어지면 다시 정부 정책에 대한 신뢰를 악화시키는 결과를 초래하여 다시 비용 상승을 유발하는 악순환의 고리를 밟게 된다.

정부 신뢰의 속성으로 하버드대학 행정학대학원 석좌교수인 죠셉 나이(Joseph Nye, 1998)는 다음 세 가지 범주를 들고 있다.

- 정부는 과연 무슨 일을 하는가: 정부 업무 영역의 문제
- 정부가 그 일을 잘하는가: 정부의 능력과 성과 영역
- 정부가 하는 일이 국민들에게 어떻게 비치는가: 국민이 정부를 바라보는 틀

정부를 바라다보는 시각은 고정되어 있는 것이 아니고 가변적일뿐더러 논리적이기도 한 반면에 때로는 지극히 정서적이고 감정적이기도 하다. 감정적, 정서적 틀에 위배되면 사실 여부와 관계없이 정부 신뢰에 부정적인 영향을 주게 된다. 그렇다면 정부 신뢰를 높이는 방안은 없는 것인가. 구체적인 사례를 들어 살펴보고자 한다.

4편

신뢰를
말하다

2014년
4월 16일

● ● ●

가슴 아픈 사건이기도 하지만 정부 신뢰의 수준을 보여주는 사건임과 동시에
정부 신뢰의 원인과 처방을 암시하는 사건이기도 하다.
하지만 처방이 정부 신뢰의 원인과 맞는 방향으로 이루어졌는지는 의문이다.

지난 2014년 4월 16일, 청해진해운의 인천-제주 간 여객선이 진도해역에서 침몰하였다. 부끄럽지만 범국가적인 부작위로 인한 사고 사례다. 딱 잘라서 '사고 원인이 이것이다'라고 말하기 힘든 사고였기 때문이다. 총체적 부작위라 할 수 있다. 해야 할 일을 하지 않은, 해서는 안 될 일을 한, 거의 대부분 하나마나 한 일을 함으로써 발생한 사고였다. 안전행정부가, 해양수산부가, 해양경찰청이, 국토교통부가, 청해진해운이 진정 그들이 각각 해야 할 일들을 하지 않았거나, 제대로 하지 않은 부작위다. 그러한 총체적인 행위(부작위)들이 만들어낸 불행한 결과다. 그들이, 그 구성원들이 그렇게 행동하게 된 근원적 원인이 어디에 있는가.

그들이 그렇게 행동하게 된 것은 다름 아닌 그 각각의 속한 조직의 전체적 분위기, 다시 말해 사회 전체적인 분위기에 기인한다고 할 수 있다. 자기가 하는 일이 다른 사람을 행복하게 만들 수 있다는 에머슨의 생각처럼, 조금이라도 근원적 고민을 해보게 만드는 그 조직의 분위기가 없었다는 것이다. 그 조직 구성원들 개개인이 나는 왜 그 자리에 존재하는가를 단 한 번이라도 생각하였다면 그런 사고는 없었을 것이다. 그런 전체적인 사회 분위기가 형성되었다면 사고 발생과 생존자 구조 과정에서의 참담한 결과는 발생하지 않았을 깃이다. 근원적인 자기 자신의 삶에 대한 가치관의 결여. 이러한 근원적 존재 이유에 대한 고민, 성찰이 없었다는 사실을 곰곰이 되새겨야 답이 나온다. 사고 이후의 수습과정은 그러한 성찰의 과정이 누락된 채 형식적인 해결 방안들만이 난무했다. 지난 진도 해상 여객선 침몰사고 수

습과정 중이었던 2014년 4월 21일 박근혜 대통령의 수석비서관 회의 시 발언 내용을 다시 들여다보자.

> (중략) … 국민들이 공무원을 불신하고 책임 행정을 하지 못하고 있다는 비난을 받는다면 그 책무를 소홀히 하고 있는 것이고 그 자리에 있을 존재의 이유가 없는 것입니다. 헌신적으로 근무하는 공무원들까지 불신하게 만드는, 자리보전을 위해 눈치만 보는 공무원들은 우리 정부에서는 반드시 퇴출시킬 것입니다.
>
> 이번 사고의 원인은 앞으로 수사 결과에서 정확하게 밝혀지겠지만 저는 반드시 단계 단계별로 철저하게 규명해서 무책임과 부조리, 잘못된 부분에 대해선 강력히 책임을 물을 것입니다…. (후략)

공직자의 존재 이유를 말하고 있다. 존재 이유는 국민이 공무원을 신뢰할 수 있도록 책임행정을 하는 데 있다고 말하고 있다. 헌신적이지 못하고 자리보전에만 급급한 공직자들은 그 자리에 존재할 이유가 없으므로 퇴출하여야 한다고 강조한다. 맞다. 백 번 지당하고 당연하며 정확한 진단이기도 하다. 그런데, 한 가지 중요한 것이 더 있다. 무엇을 위해 헌신하고 무엇을 위해 책임을 다해 행정을 해야 하는지에 대한 근원적인 성찰, 그것이 더 추가되어야 한다. 오히려 더 중요하다. 70-80년대라면 주어진 일에 헌신하는 것이 공직자가 추구해야 할 최선의 덕목이겠지만, 지금 시대는 그것이 전부가 아니다. 해서는 안 될 일, 하나마나 한 일에 최선을 다해 헌신하는 일은 오히려 그것을 하지 않는 것보다 국민들에게 훨씬 큰 피해로 돌아간다.

이제 공공 부문은 시대 변화에 따라 그 시대가 요구하지 않는 일들, 열심히 한다고 되지도 않을 행정들은 과감히 포기하는 자세를 가져야 한다. 민간이 더 잘하는 곳에는 공적인 간여를 줄이는 것이 국민들이 바라고 원하는 일이다. 그런 분야가 도처에 산재하고 있다는 사실을 빨리 깨우쳐야 하는 것이다. 일을 제대로 가려서 해야 할 일들을 제대로 하는 것. 그것이 이 시대적 상황에 맞는 핵심 가치일 것이다.

에머슨은 바로 그 점을 지적한다. 공직자가 있음으로 인해 국민들이 더 행복해지도록 공직자 개개인들의 업무 범위를 조정하거나, 변화시키거나, 없애버리는 것 그 작업부터 서둘러야 한다. 그러지 않는다면 국민 불신은 오히려 공직자가 쓸 데 없는 영역에 간여하고 헌신하는 척 함으로써 더 깊어질지도 모른다. 시대가 바라는 영역 범위 내에서의 공직자의 헌신은 그래서 중요하다. 예전에는 공직자가 존재한다는 것 자체만으로도 살기가 나았던 시절이 있었다. 공공 시스템을 제외한 다른 부문의 영역이 발달되지 않았던 개발 시대였기 때문이다. 공공 부문의 존재만으로도 일정 부분의 역할을 한 것이다. 그렇기 때문에 공직자의 존재는 그 존재 자체가 중요했다. 그러나 지금은 아니다. 존재 그 자체가 아닌 존재의 이유가 더 중요해진 것이다. 공공 부문에 대한 불신은 현재 점하고 있는 공공 부문의 존재가 있는 것보다 없는 편이 더 나은, 그러한 부분이 상당 부분 존재한다는 데에 있다. 그러한 영역을 걷어내는 것이 매우 중요하다. 하지도 못할 영역을 공공 부분에 지속적으로 남겨놓고 그것에 의지하려 하는 한 근원적인 문제 해결은 어렵다. 일을 처리할 수 없는 사람에게 열심히 하라고 촉구한다고 그 일이 성공적일 리가 만무하기 때문이다. 정서적 기대와 현실적 능력은 항상 차이가 존재한다는 사실을 모든 사람들이 받아들여야 한다. 기대가 희망을 낳기는 하지만 근본적 변화를 가져오는 기제는 아니다. 정서적 만족에 불과할 따름이다. 그러나 그 차이를 실제 국민들이 받아들이기는 사실상 어려운 일이다.

공무원에 대한
신뢰

· · ·

공무원에 대한 국민의 신뢰는 영원한 숙제다.
그렇다면 그 해법은?

지난 2014년 4월 16일에 있었던 진도 앞바다 여객선 침몰사고와 관련한 일간 신문의 사설을 보자.

〈"공무원 못 믿겠다"는 국민의 분노, 朴대통령 이제 알았나〉

(중략) … 어제 오후에도 진도 팽목항에 대한민국 정부는 존재하지 않았다. 사망자 명단을 내걸고 건져 올린 시신을 확인해 병원으로 이송하는 게 정부가 하는 일의 전부다. 컨트롤타워도 여전히 보이지 않았다. 실종자 가족들이 머무르고 있는 진도실내체육관에서 정부 책임자는 가족들의 요구에 "검토해 보겠다"는 말만 되풀이했다…. (중략) … 한 학부모는 "정부가 처음부터 아이들을 건질 생각이 없었던 것 같다. 이건 국가가 아니다. 청소년을 수장(水葬)시키는 나라를 어떻게 국가라고 부를 수 있느냐"고 체념한 듯 말했다…. (중략) … 진도의 절규와 통곡이 이런 공무원들에게 무엇을 기대할 수 있겠느냐는 냉소로 바뀌는 모습이다…. (중략) … 국민을 섬기는 본분을 다하기보다 무사안일, 무책임, 복지부동(伏地不動)으로 적당히 일하는 흉내나 내면서 승진 같은 자신의 잇속만 챙기려는 공직자가 부지기수다…. (후략)

– 동아일보, 2014. 4. 22 –

공무원에 대한 불신, 아니 공무원의 존재 이유 자체를 부정하는 심리적 확신이 지배하는 사설이다. 문제는 상당수의 국민들이 이 사설에 공감하고 있다는 데에 있다. 왜 그럴까. 이 사건과 관련한 다른 사설을 보자.

세월호 참사와 관련한 정부의 무능한 대응이 연일 비난의 도마 위에 오른다. 구조를 둘러싸고 우왕좌왕 중심을 잡지 못하면서 엉터리 발표를 거듭하는 정부에 대해 유가족뿐 아니라 일반 국민도 분노에 가까운 불신을 갖게 된 상황이다. 정부만큼이나 미숙하고 부적절한 형태를 보이는 게 바로 언론이다. 허위보도와 인권 침해, 과잉 취재 등이 잇따르면서 우리 언론의 신뢰는 중대한 기로에 섰다…. (중략) … 지나친 속보 경쟁과 시청률을 의식한 선정 보도가 사회의 신뢰 자본을 파괴하고 있음을 언론인들은 잊지 말아야 한다…. (후략)

- 중앙일보, 2014. 4. 22 -

이 사설은 언론보도와 사회의 신뢰 자본과의 연계성을 언급하면서 정확하고 검증된 보도가 저널리즘의 핵심 가치라고 말하고 있다. 공직자의 신뢰성은 어떻게 보면 쇼윈도 안의 의상과도 같아서 바라다보는 시선만큼의 가치를 가지고 있는 것 같다. 그것을 들여다보고 아름답고 가치 있다고 이야기 해주는 사람들이 많다면 그 진실 여부와 관계없이 그 의상은 그만큼의 가치를 지니게 되는 것이다. 들여다보는 자는 바로 언론이다. 언론의 눈에 비친 공직자의 모습은 그대로 가감 없이 국민들의 공직자에 대한 가치 판단으로 이어진다. 위의 사설에서 보듯 공무원에 대한 불신과 실제의 공무원의 진실은 어떠한지는 중요하지 않다. 당시의 상황은 누구든 큰 슬픔과 황망한 상황에 대해 어떤 방식이든 분노를 표출할 대상이 필요했는지 모를 일이다. 그 역할을 언론이 대행을 했다고나 할까. 어찌되었든 구조적인 불만족의 상황이 분노의 대상으로 대체되어 그 객체가 공무원, 공적인 역할을 하는 공공 기관 내지는 공무원으로 된 것이다. 앞에서도 언급한 바와 같이 현실은 그 이상 더 능력을 발휘할 수 없는 근본적 한계가 있었다는 상황이라는 것이 오히려 진실에 가까웠을지도 모른다.

안전과 관련된 관리감독의 일들이 해당부처의 업무 중 우선순위에 놓여있지 않다는 실체적 진실, 그것이 중요하다. 왜 그런 상황이 벌어지는 지는 누누이 강조했지만 기관의 장들이 그 부처에서 해서는 안 될 일, 하나마나 한 일에 치중한 나머지, 정말로 하여야 할 일은 소홀히 한 것이 문제인 것이다.

정부에 대한
신뢰

· · ·

정부 신뢰를 결정하는 독립변수는 무엇인가?

공직자의 총합인 정부에 대한 신뢰는 국민이 정부 그 자체를 어떻게 생각하는가 하는 문제, 즉 정부라는 형태적 권력분립 시스템 상에서의 정부라는 형태에 대한 신뢰와 특정시점에서의 대통령과 부처 등으로 구성되는 정권에 대한 신뢰로 구분하여 생각할 수 있다. 여기서는 우선 무정부운동과 같은 정부 그 자체에 대한 신뢰 여부는 별론으로 하고 특정시점에서의 행정부에 대한 국민의 신뢰를 좌우하는 핵심적 요인이 무엇인가에 대해 생각해 보자.

대부분의 사람들은 경제적 성과가 정부 신뢰를 좌우하는 핵심 요인이라는 통념을 가지고 있다. 과연 그러한가. 정부에 대한 신뢰를 저해하는 주된 요소가 경제적 성과가 아니라면 무엇인가. 이에 대한 해답을 찾는 것은 극히 어렵고 명확하지도 않다. 하지만 행정학자 로버트 로렌츠는 "정부에 대한 신뢰가 저하되는 시기에는 정부의 낭비가 심하며, 정부가 특정 이권을 추구하느라 일반 국민들을 외면하고 있다고 여기는 국민들이 증가한다. 경제성과가 아닌 정부에 대한 소외감이 신뢰상실의 중요한 요인으로 작용한다. 신뢰저하는 국민들 개개인의 경제적 처지가 호전되었는지 여부를 불문하고 사회전반에 걸쳐 이루어진다."[3]라고 진단하고 있다. 그는 정부 신뢰에 영향을 미치는 요소로 경제성과가 전적으로 영향을 미치는 것이 아닐 뿐만 아니라 오히려 역의 관계인 것으로 분석하고 있다. 우리나라의 경우는

---

3 조셉 나이(Joseph S. Nye), 〈국민은 왜 정부를 믿지 않는가〉, 2001, 박준원 역, 굿인포매이션, pp.169-196

어떠할까. 가장 보편적이라고 여겨지는 경제정책의 성과와 신뢰관계를 통계적 자료를 가지고 분석하는 것이 필요할 것이다. 먼저 우리나라의 경우에도 로렌츠의 주장이 그대로 적용되는지를 살펴보는 것으로부터 이야기를 풀어갈까 한다. 경제성과와 정부 신뢰의 상관관계가 유의미한지를 살펴보고, 그것이 아니라면 정부 신뢰와 상당한 관련이 있는 것은 무엇인지 살펴보고 이를 높이기 위한 방안은 무엇인지 생각해보자.

경제성과와 정부 신뢰도

　　　　　　1988년은 최초의 국민 직선에 의한 대통령이 선출되어 첫 임기가 시작된 해이다. 노태우 정부 이후, 김영삼 정부, 김대중 정부, 노무현 정부, 이명박 정부, 박근혜 정부 등 2014년까지 24년간의 기간을 매 분기별 정부 신뢰도와 매년 실질 GDP성장률을 비교해 보는 것도 유의미한 자료가 될 것이다.

다음 〈표1〉은 1988년부터 2014년까지의 경제성장률과 정부 신뢰도 간의 관계를 보여주고 있다. 여기에서는 정부 신뢰도를 대통령 지지도 조사결과를 대신하여 사용하였다. 자료의 일관성을 위해 하나의 여론조사기관 자료만을 사용하였다.

1988년부터 1992년 사이의 경제성장률은 9-11%로 가히 고도성장이라 기록할 만 하였으나 1988년 이후 지지도는 45%에서 12%까지 급락하는 모습을 보인다. 1993년부터 1997년은 더욱 특이하

경제성장률과 대통령 지지도와의 관계: 1988-2014년

연도	GDP 실질성장률(%)*	대통령 지지도(%)**	역대 대통령
1988	11.7	45	노태우 정부
1989	6.8	33	
1990	9.3	27	
1991	9.7	14	
1992	5.8	12	
1993	6.3	74	김영삼 정부
1994	8.8	48	
1995	8.9	32	
1996	7.2	36	
1997	5.8	9	
1998	−5.7	63	김대중 정부
1999	10.7	52	
2000	8.8	43	
2001	4.0	29	
2002	7.2	28	
2003	2.8	38	노무현 정부
2004	4.6	28	
2005	4.0	29	
2006	5.2	19	
2007	5.1	23	
2008	2.3	32	이명박 정부
2009	0.3	36	
2010	6.3	46	
2011	3.6	38	
2012	2.0	24	
2013	2.8	52	박근혜 정부
2014	3.3	47	

* GDP 실질성장률: 경제성장률은 한국은행 발표자료를 인용
** 대통령 지지도: 한국갤럽여론조사 결과를 참고하여 작성. 한국갤럽은 1988년부터 분기별로 대통령 지지도를 조사. 분기별 조사결과를 1년 산술 평균하여 사용. (단, 갤럽은 1989년과 1990년은 연 3차례, 1991년은 2차례, 1992년은 1차례만 조사, 100점 만점 기준)

다. 경제성장률은 5년간 6-8%대의 좋은 성적을 유지하고 있으나 지지도는 74%에서 9%로 급락했다. 이는 1997년 IMF구제금융 결정이 있던 해이기는 해도 그 결정은 12월에 이루어졌기 때문에 경제적 요인이 지지도 하락을 가져온 직접 요인으로 보기에는 무리다. 오히려 그 전해부터 발생한 친인척비리 사건이 결정적인 요인이 된 것이 요인이 아닐까 한다. 1997년부터 시작된 금융위기 결과 1998년 성장률은 최초로 마이너스 성장을 기록했다. 그러나 오히려 지지도는 1998-2002년간 최고점을 기록하고 있는 것을 보면 경제성과와 정부 신뢰(지지도)는 무관한 것이 분명하다. 그 이후의 경제성장률과 지지도와 상관관계는 거의 무관한 듯 나타난다. 그러면 정부 신뢰도에 영향을 주는 다른 요인들은 무엇인가?

정부 신뢰에 영향을 주는 요인들

경제성과가 정부의 신뢰도를 나타내는 결정적 요소가 아니라면 다른 무엇이 있을까. 마이클 샌델(Michael Sandel)은 그의 저서 〈정의란 무엇인가〉에서 바람직한 정부의 방향을 '공동선'을 실현하는데 있다고 보고, 이를 위해 네 가지를 제시한다. 첫째로, 시민의식과 희생·봉사의 강한 공동체 의식을 키워나갈 것을, 둘째로는, 기존의 시장 시스템이 해결해 줄 수 없는 사회적 행위, 예를 들면 군복무, 출산, 가르침과 배움, 범죄자 처벌 등에 대한 시장의 도덕적 한계를 공론화하여 바로잡는 것을 든다. 그리고 셋째로는, 소득의 불평등과 부의 양극화를 해소하고 시민의 삶에 기반이 되는 공고 시설들을 새로이 재건하여 사람들을 닫힌 공동체에서 끌어내야 한다고 말하고 있다. 그는 마지막으로, 도덕에 기초하는 정치가 바로 그것으로 이는 시민을 더 행복하고 희망차게 만들 수 있다고 말하고 있다.[4]

우리나라에서도 이러한 방법으로 정부의 공동선 실현이 과연 가능할까? 지방자치단체를 포함한 최근 우리나라 정부는 사실상, 예산 배분의 상당 부분을 시민 삶의 기반이 되는 공동체 시설에 투자하고 있으며 복지를 포함한 부의 양극화 해소에 점진적으로 예산 배분을 늘려가고 있다.[5] 그러나 정부 신뢰가 점점 개선되고 있는지에 대해서는 다소 부정적이다. 위의 대통령 지지도 조사에서 보듯이 신뢰도는 그 변동이 시간 순서에 따라 점증하고 있지는 않다. 오히려 신뢰도에 영향을 주고 있는 것은 신뢰 그 자체에서 찾는 것이 빠를지도 모른다. 정부가 신뢰를 받기 위해서는 신뢰를 받지 못한 당해 연도의 사건들을 찾아내어 그 사건들을 분류하여 분석하면 정답을 알 수 있는 유사한 단서를 찾을 수도 있을 것이기 때문이다.

---

4 마이클 샌델(Michael J. Sandel), 〈정의란 무엇인가〉, 2009, 이창신 역, 김영사, pp.360-371
5 복지 예산 연도별 증가율은 매년 상이하나, 복지 예산 특성상 복지 예산액은 매년 상승하고 있다. 정부 총 지출 대비 복지 예산 비율은 2005년 24.4%, 2006년 25.3%, 2007년 25.9%, 2008년 26.3%, 2009년 26.2%, 2010년 27.7%, 2011년 28.0%로 2009년 금융위기에 따른 비율감소를 제외하고는 매년 점증하고 있다. (기획재정부 홈페이지 www.mosf.go.kr 자료 참고)

신뢰도가 30% 미만이었던
당해 연도의 사건들

　　　　　연간 대통령 지지율이 30% 미만이었던 해는 노태우 정부 시절의 1991-1992년, 김영삼 정부 시절의 1997년, 김대중 정부 시절의 2001-2002년, 그리고 노무현 정부 시절의 2004-2007년, 이명박 정부 시절의 2012년이다. 그 해에 어떤 중대한 사건, 사고들이 있었는지 언론사 중 방송사가 뽑은 그 해의 10대 뉴스를 살펴보면 다음과 같다.[6]

● 노태우 정부 시절

　1991년과 1992년의 지지율은 14%와 12%다. 노태우 정부 임기 마지막 해와 그 전 해에 무슨 사건들이 있었는지 살펴보기로 하자.

　1991년의 10대 뉴스

① 서울대 등 7개 대학 예체능계 입시 부정

② 남북한 동시 유엔 가입

③ 유괴 살해, 개구리 소년 실종 등 어린이 수난

④ 서울 수서지구 아파트 특혜분양 사건[7]

⑤ 낙동강 수계 페놀오염 사건

6　노태우 정부에서 노무현 정부까지는 방송사 MBC가 뽑은 그 해의 국내 10대 뉴스를 인용하였다.

7　한보그룹 정태수 회장으로부터 특혜분양과 관련하여 김동조, 이태섭 등 국회의원과 청와대비서관 등 9명이 뇌물 등을 받은 혐의로 구속된 사건이다.

⑥ 남북화해불가침 합의

⑦ 사상 최대 무역수지 적자

⑧ 현대 정주영 회장 1,361억 탈세 파문

⑨ 강경대군 사망, 항의 분신, 투신 행렬

⑩ 전국지자체 시군구의회 출범

1992년의 10대 뉴스

① 시한부 종말론 휴거 파문

② 황영조 올림픽 마라톤 제패

③ 후기 대학 입시 문제지 도난 사건

④ '사람이 아니라 짐승을 죽인 것…'

⑤ 김대중 정계은퇴 선언

⑥ 김영삼 후보 대통령 당선

⑦ 한준수 전 군수, 총선 관권 개입 폭로(노태우 대통령 민자당 탈당, 중
  립내각 탄생)

⑧ 한국 남자 쇼트트랙 동계올림픽 석권

⑨ 여명의 눈동자 신드롬

⑩ 광주 해양 도시가스 폭발사고

● 김영삼 정부 시절

김영삼 정부 마지막 해인 1997년의 지지도는 9%다.

1997년의 10대 뉴스

① 6.25 이후 최대의 동란, IMF 사태

② 김대중 후보 대통령 당선, 최초 정권 교체

③ 황장엽 전 노동당 비서 망명

④ 한보 특혜 대출 비리, 경제대란의 신호탄

⑤ 대통령 아들 김현철 씨와 비디오테이프[8]

⑥ KEDO, 북한경수로 착공

⑦ 전두환, 노태우 대통령 사면

⑧ 월드컵 본선 4회 연속 진출

⑨ 동아대 자주대오(自主隊吾, 국가보안법 위반) 사건

⑩ KAL기 괌추락, 229명 희생

● 김대중 정부 시절

김대중 정부 시절 2001년과 2002년의 지지도는 각각 29%와 28%다.

2001년의 10대 뉴스

① 언론사 세무조사, 사주구속 칼바람

② 수지킴 살해 은폐, 14년 만에 드러나

---

8 김영삼 대통령의 차남인 현철 씨가 1997년 5월 17일 알선수재 및 조세포탈 혐의로 구속된 사건
이다. 1997년 3월 10일 YTN 사장 인사개입 의혹과 관련된 비디오테이프가 공개되면서 수사가
시작되었고 여론이 환기되었다.

③ 일본교과서 왜곡

④ 건강보험 재정파탄 위기

⑤ 인천국제공항 힘찬 비상

⑥ 게이트 공화국 특검[9]

⑦ 영화 '친구'신드롬

⑧ IMF 졸업 초저금리시대 개막

⑨ 2001년 대입수능 난이도 실패

⑩ 재계의 거물 정주영 타계

2002년의 10대 뉴스

① 한국축구 월드컵 4강 신화

② 미군장갑차에 여중생 사망

③ 김대중 대통령 두 아들 구속[10]

④ 태풍 루사 전국 강타, 246명 사망 및 실종

⑤ 공무원 노조 출범

⑥ 노무현 대통령 후보 당선

⑦ 개구리 소년 유해 발굴

⑧ 한국 영화 세계 영화에 우뚝 서다

---

9 2001년 벤처 열풍과 관련한 정관계 인사들에게 로비활동을 벌인 혐의로 수사한 정현준, 진승현, 이
   용호 씨 관련 사건이다.

10 2002년 5월과 6월에 걸쳐 기업체로부터 돈을 받아, 알선수재와 변호사법 위반 혐의로 두 아들이
   잇달아 구속된 사건이다.

⑨ 북핵 시설 봉인 제거 파문

⑩ 부산 미인응원단 부산 아시안 게임 파견

● 노무현 정부 시절

노무현 정부 시절의 지지도는 임기 첫 해인 2003년을 제외하고는 30% 미만을 기록하고 있다. 2004년에 28%, 2005년에 29%, 2006년에 19%, 2007년에 23%다. 임기 시작 다음해인 2004년과 임기 마지막 해인 2007년의 10대 뉴스를 살펴보자.[11]

2004년의 10대 뉴스

① 이라크 추가 파병, 김선일 씨 피살

② 신행정수도 위헌 결정

③ 대통령 탄핵, 총선 후폭풍

④ 휴대전화 이용 수능 부정행위 파문

⑤ 일본을 휩쓴 욘사마 열풍

⑥ 시속 300km 고속철도 시대

⑦ 북한 용천역 폭발사고와 암살 음모

⑧ 성매매특별단속법 시행

⑨ 저출산 고령화 사회 본격 진입

---

11 뉴스 내용은 MBC 방송 실제 뉴스 헤드라인을 사용하였다.

⑩ 4대 개혁 입법 진통

2007년의 10대 뉴스
① 이명박 후보 대통령 당선
② 김연아 선수 해외 대활약
③ 신정아, 변양균 권력형 비리 사건
④ 샘물교회 23명 피랍, 2명 사망
⑤ 태안 원유 유출 사건
⑥ 한미FTA 타결, 양국 동맹 강화
⑦ 김승연 회장 보복 폭행
⑧ 2차 남북 정상회담 평양에서 개최
⑨ 버지니아 공대 한인 총기난사 사건
⑩ 김용철 변호사 삼성 비자금 폭로

● 이명박 정부 시절
이명박 정부 시절의 지지도는 취임 첫 해인 2008년에 32%를 기록했으나 이후 점차 상승하였다가 정부 5년 차인 2012년에 30% 미만을 기록하고 있다. 2012년 대통령 지지율은 평균 24%였다.

2012년의 주요 10대 뉴스[12]
① 박근혜 대통령 당선-34년만에 다시 청와대로
② 2050클럽 신용등급 일본 추월

③ 북장거리로켓발사 성공-ICBM기술 확보

④ 정치혐오와 2030이 만들어낸 안철수 현상

⑤ 성검사, 뇌물검사 초유의 내분-추락한 검찰

⑥ 이상득, 최시중-MB정권 실세 비리 잇따라

⑦ 경제민주화이슈-1년 내내 여야공약 논쟁

⑧ 학교폭력, 성폭력으로 놀란 사회

⑨ 강남스타일 말춤으로-월드 스타된 싸이

⑩ 종북진보정당 경선부정-부패, 폭력, 분당 사태

● 박근혜 정부

박근혜 정부의 지지도는 출범 첫 해인 2013년에 52%, 두 번째 해인 2014년도에는 47%를 기록하고 있다. 아직 현재 진행형이므로 지지율의 전반적인 추세 예측이나 평가는 어렵지만 지지율이 점점 하락하는 경향을 2014년 하반기부터 보이고 있다. 40%대 미만을 기록했을 당시의 사건이나 사고를 살펴보는 것도 정부의 신뢰 영향요인을 추정하는 데 의미가 있다.

2014년의 주요 10대 뉴스[13]

① 슬픔과 절망의 바다 세월호

---

12 조선일보에서 선정한 2012년 국내 10대 뉴스 제목을 인용하였다.
13 머니투데이에서 선정한 2014년 국내 10대 뉴스 제목을 인용하였다.

② 중국 넘어 세계로 FTA 확대

③ 대한항공 '땅콩리턴' 일파만파

④ 전셋값 폭등

⑤ 담뱃값 2천 원 인상

⑥ 이건희 삼성회장 입원

⑦ 카톡 감청 논란

⑧ 잇단 병영 사고

⑨ 공무원 연금 개혁 논란

⑩ 통진당 해산

10대 뉴스에는 들지 않았지만 대통령 주변 인물과 관련된 권력 다툼 의혹 사건은 그간 50%대 지지율을 40%대 이하로 하락시키는 단초가 되었다. 세월호 수습 과정에서 나타난 국민들의 소외감과 대통령 주변 인물관련 의혹 사건들로부터의 상실감 등이 정부 신뢰를 하락시키는 주요한 요인으로 작용하였다. 아직 박근혜 정부의 신뢰도 평가는 미완이지만 국민들의 소외감에 영향을 줄 수 있는 계기가 되는 일련의 사건들이 재현된다면 신뢰에 영향을 줄 가능성이 크다.

신뢰를 좌우하는 변수들

• • •

우리나라는 정서적인 측면에 강한 반응을 보이는 나라다.
정부로부터 소외되었다는 감정이
정부에 대한 신뢰를 좌우하는 가장 큰 요소 중의 하나다.

정부 신뢰도에 가장 큰 영향을 미치는 요인을 분석하기 위해서 대통령 지지도가 30% 미만이었던 해당 년도의 주요한 사건들을 앞에서 살펴보았다. 언론사가 뽑은 10대 뉴스 중 정부와 관련된 사건들에 주목해 보면 국민들은 정부를 무엇이라고 인식하는지가 매우 중요하다. 만약 대통령을 수장으로 하는 행정부가 가장 협의의 정부 개념이라면 정부의 신뢰에 영향을 미치는 요인은 대통령이나 고위 관료 또는 정부의 주요한 정책들로부터 정부라는 실체를 인지하게 될 것이기 때문이다.

권력형 비리 의혹

1991년과 1992년에는 정부 자체로 인식되는 대통령 자신과 인척관계에 있던 박철언 전 장관과 관련된 의혹들로 사회 비난 여론이 환기되었고 이와 함께 수서지구 사건으로 청와대 비서관과 여당 의원의 연루, 그 이듬해에 총선에서 관건 선거개입 폭로 등으로 정부에 대한 신뢰가 지속적으로 하락되었다.

대통령 친인척 및
주변 인물 관련 의혹

1997년에는 대통령의 아들 관련 의혹들로, 2001년과 2002년에는 대통령의 아들과 주변 고위관료 또는 정치인의 연루 의혹들로, 2007년과 2012년에도 권력형 비리 의혹 사건들로 사회적 여론이 정부에 대한 신뢰에 영향을 미치는 사건들로 기록되고 있다. 2014년 말과 2015년 초에도 청와대 공직기강 팀장 등 이와 유사한 의혹들이 제기되는 사건을 계기로 견고하던 지지율이 30% 이하로 하락하는 현상을 보이고 있다.

특정 계층만을 위한 정책과
정책의 일관성 부족

2004년부터 2007년간 임기 내내 30% 미만의 신뢰도 밖에 기록하지 못하고 있었던 노무현 정부의 4년간의 신뢰도 저하 원인은 이전의 경우와는 달리 해석되어야 할 것이다. 이 당시에는 권력 주변의 뇌물 등의 뚜렷한 사건들이 불거져 있지는 않았지만 정부 정책의 내용 자체가 국민 절대 다수의 신뢰를 얻지 못한 데에 그 원인이 있다고 할 것이다. 행정수도 이전과 관련한 정책 등의 실행으로 다수의 지역으로부터 불신을 받았고, 특히 정책 내용의 일관성 부족은 국민의 신뢰를 충분히 얻기 힘든 상황을 지속하게 만들었다. 특히 새로운 부가가치를 창출하는 정책이 아닌 기존의 것들을 물리적으로 이동시키는 정책의 남발(중앙 정부 및 공공 기관 지방 이전)로 갈등을 전국적으로 확산시키는 계기가 되었던 것이다. 이러한 정책 내용은 특정 국민을 부정적 대상으로 간주하기 때문에 그 대상이 되는 국민은 신뢰를 표시하기 어려웠을 것이다. 예를 들어 수도 이전은 새로운 가치 창출이 아닌 기존의 것을 이전시키는 것에 불과하여 충청 지역 이외의 수도권, 영남, 호남, 강원 등 타 지역 주민들에게 상실감 내지는 소외감을 불러 일으켜 정부의 신뢰를 잃게 만드는 대표적 정책 중의 하나로 작용하였다고 할 수 있다. 대다수 국민들이 해당 정책으로부터 소외되었다고 느꼈던 것이다. 정부 정책과 그 정책을 만든 공직자로부터의 소외감, 그로 인한 상실감이 작동하였던 것이다.

신뢰를 높이는
방안들

● ● ●

정부가 신뢰를 얻을 수 있는 방안은 무엇인지
이를 구체적으로 살펴보기로 하자.

모든 사건이나 정책들이 정부 신뢰에 영향을 미치지만 위에서 살펴본 역대 정부별 사례들로부터 몇 가지 주요한 변수를 찾을 수 있다. 신뢰도 하락에 결정적 요소로 작용했던 권력형 비리나 대통령 친인척 관련 비리로부터 자유로울 수 있도록 장치를 강구하고 정책에 있어서도 가치 창출형 정책 산출과 정책의 일관성을 확보하는 것이 중요할 것이다. 이를 보다 구체적으로 살펴보기로 하자.

공무 담임 시스템
개혁적 보완

관료들이 비리로부터 자유롭기 위해서는 국민의 눈높이에 맞는 철저한 공직관을 가진 인사들이 공무 담임권을 갖는 것이 매우 중요하다. 각종 비리의 원천은 시스템 이전에 공무를 맡은 개개인의 가치관이나 행태로부터 기인된다. 고위 공직을 맡길 경우 자체적인 검증시스템을 강화하는 것도 중요하지만 공직관이 형성되어 있다고 일반국민들이 통상적인 기준에서 받아들일 수 있을 정도의 기준을 충족시키는 것이 필요할 것이다. 고위 공직인 경우에는 대통령 선거 시 공직 인선에 관한 인선 기준을 사전에 제시하는 것도 하나의 방법일 것이다.

공직관 검증 및
교육 강화

　　　　각종 비리는 아무리 시스템이 갖추어져 있어도 명확하고 뚜렷한 공직관이 형성된 사람이 아니라면 비리에 연루될 개연성이 다분하다. 공직 채용, 임용, 재교육, 복무관리 과정 중에서도 채용과 교육 부분에 획기적인 보완이 필요하다. 제대로 공직관이 형성되어 있거나 그럴 수 있는 자질을 갖춘 사람을 뽑는 일은 그렇지 아니한 사람을 뽑은 후 교육을 통해 공직관을 갖도록 하는 것보다 훨씬 수월하다. 그런 과정을 제대로 이행하는지에 대한 국민의 상시 감시 장치 또한 갖추어져야 한다.

정책의 일관성 확보

　　　　정부에 대한 신뢰는 정책의 일관성에서 온다. 일단 하나의 정책이 만들어지면 그 정책과 관련한 수많은 이해관계가 형성된다. 손해를 보거나 이득을 얻게 되는 사람들이 생기게 된다. 다시 그 정책이 바뀌면 기존의 이해관계의 득실도 변하게 된다. 이득을 보던 사람이 손해를 보게 되면 당연히 불만이 생길 것이지만 과연 이득을 보게 되는 사람도 정부를 믿을 것인가. 수시로 바뀌는 정책은 유리한 것과 불리한 것에 관계 없이 정부에 대한 믿음을 어렵게 만드는 요소로 더 크게 작용할 것이다. 그런 의미에서 정책의 일관성 또한 정부 신뢰를 확보하는 주요한 요소 중의 하나일 것이다.

채용의
중요성

• • •

공직에 적합한 사람은
똑똑한 사람이 아니라
올바른 정신을 가진 사람이다.

올바른 공직관은 저절로 형성되는 것이 아니다. 먼저 그 사람이 원천적으로 공직에 적합한 사람인지를 판별해서 그에 따른 적합한 인재만이 공직에 몸담을 수 있도록 채용 단계에서 걸러주는 장치가 필요하다. 아무리 실력이 좋고 똑똑하면 무엇 하랴. 그 비상한 머리를 자기 자신의 영달만을 위해 사용한다면 무슨 소용이 있겠는가. 대체로 똑똑한 사람들은 자기 손해에 민감한 경향을 보인다. 무엇이 자기에게 손해가 되는지 금방 계산이 되기 때문이다.

제대로 된 공직관을 가진 사람들이 공직에 들어올 수 있도록 하려면 이를 제대로 걸러주는 장치가 필요하다. 이는 채용 시스템을 어떻게 만드느냐로 귀결된다. 시험을 잘 본 사람 중에서도 공직에 전혀 적합하지 않은 사람이 얼마든지 존재하고 그렇지 아니한 경우도 많다는 사실은 채용제도를 전면적으로 혁신하여야 할 필요가 있다는 것을 말해준다. 다음 기사를 보자.

〈관피아 공화국 개조 … "부처 요동칠 만큼 경쟁 도입을"〉

(중략) … 정치권과 전문가들은 국가 개조를 위한 관료사회 수술의 대원칙으로 무엇보다도 공무원들의 의식 개조를 들었다. 책임감을 갖고 적극적·주도적으로 일하는 공직사회의 풍토 마련이 우선 돼야 한다고 강조했다. 박관용 전 국회의장은 "국가 개조는 곧 공무원의 의식 개조"라며 "이는 국민들의 심부름꾼이라는 공복 의식을 갖는 것에서 시작돼야 한다"고 말했다. 이원종 전 수석도 "개인으론 우수한 관료들이지만 기득권에 대한 집착도 대단하다"며 "공직자들은 공복 의식을

가지고 책임지는 자세가 만들어져야 하는데 이보다는 기득권을 지키고 보신하는 데 경도돼 있다"고 비판했다…. (중략) … 공무원의 비효율 극복을 위해 경쟁 체제의 도입이 필요하다는 주장도 나온다. 김 전 본부장은 "부처가 요동칠 정도로 경쟁을 도입해 능동적으로 일하도록 만들어줘야 한다"고 했다…. (후략)

- 중앙일보, 2014. 4. 24 -

관료사회를 바라다보는 시선들, 참으로 엄중하고 무겁다. 아직도 관료 집단이 문제 해결 능력이 있다고 기대하기 때문이다. 분명 관료만이 해결할 수 있는 영역이 있긴 하다. 하지만 그 범위는 아주 극히 제한적이다. 중요한 것은 이제 관료가 문제 해결의 구심체 역할을 하는 시대는 지나갔다는 데 있다. 아직까지는 관료들에게는 다행스러운 일인지도 모른다. 아직도 국민들이 관료가 열심히 헌신적으로만 하면 문제 해결이 가능하다고 믿어주고 있으니 말이다. 같은 날짜의 한 언론사 사설을 보자.

〈국가 개조 (1): 대한민국이 관료를 위한 나라인가〉

(중략) … 문제는 이런 썩어 문드러진 마피아 문화가 거의 모든 부처에 뿌리내리고 있다는 데 있다. 모피아(기획재정부 등), 산피아(산업통상자원부), 교피아(교육부), 국피아(국토교통부) 등이 저마다 해당 분야에서 철밥통 지키기와 전관예우 관행을 통해 자신의 배를 채워왔다. 원전 비리와 코레일 방만 경영에도 원전마피아, 철도마피아의 그림

자가 짙게 드리워져 있다. 이렇게 말도 안 되는 부패의 고리는 언제든 제2, 제3의 세월호 사고를 초래할 수 있다.

 관료들의 폐해가 확대되고 있는 이유는 시대 변화에 있다. 관료집단이 국가 발전의 견인차 역할을 해 온 게 사실이다. 1970-80년대 경제 개발계획을 수립하고 이를 강도 높게 추진한 것은 우수한 관료집단의 공(功)이었다. 그러나 지식 산업 시대에 접어들면서 관료 중심주의는 그 한계를 드러냈다. 관료 사회가 경쟁이 아닌 끼리끼리 해먹는 담합의 룰로 움직이면서 낙하산 인사가 관행화됐고, 유착 고리는 더욱 강고해졌다. 이제 관료 사회가 국가 발전에 부담이 되고 있는 것은 부인하기 힘든 현실이다. 이번 사고에서도 실종자 가족과 국민의 기본적인 궁금증조차 해결하지 못하면서 대통령 지시가 떨어진 뒤에야 움직이는 한심한 행태를 반복해 왔다…. (후략)

- 중앙일보, 2014. 4. 24 -

 또 다른 글을 보자. 이건 한 술 더 떠 관료가 모든 근원의 악이라고 치부한다. 관피아란 말이 등장한다. 관료에 대한 불신의 벽이 그만큼 크고 무겁다.

〈관피아를 깨자〉
세월호 침몰도 뿌리 깊은 관료·업계 유착이 원인
"정권은 잠시, 관료는 영원" … 역대정권 개혁 실패

규제·인허가 독점 막고 범사회 감시망 만들어야

세월호 침몰 사건은 인재(人災)이자 관재(官災)다. 승객 구조를 외면한 선장과 선원들에게 1차적 책임이 있지만, 안전과 운항 관리의 감독 책임을 소홀히 한 정부의 무사안일이 근본적 원인이다. 한국은 관(官) 주도의 경제 성장과 발전을 이룩하는 과정에서 관료 중심제가 정착됐다. 그러나 사회 전 분야에 대한 관료들의 입김이 거세지면서 관피아(관료 + 마피아)라는 부작용을 낳았다…. (후략)

– 중앙일보, 2014. 4. 28 –

이 글들에서도 관료에 대한 정서적 혐오감이 뚝뚝 묻어난다. 관료들이 천하의 악으로 등장한 것이다. 자기의 사익이나 챙기는 한심한 집단으로 난도질당하고 있다. 이렇게 대중이 분개하는 궁극적인 이유는 무엇인가?

공무원이 더 잘해주기를 바라고 기대하고 있는 것이다. 이러한 생각은 글쓴이의 내면에도 잠재하고 있다. 아직도 관료 개개인들의 품성을 나무라기보다는 일하는 방식이나 범위가 달라지면 문제 해결 능력이 있을 것이라는 기대를 감추지 않고 있다. 물론 행정시스템을 사유화하는 잘못된 관행이 일부 잔존하는 것도 사실이지만 이러한 관행이 뿌리 뽑힌다 해도 문제는 그것이 전부가 아니라는 데 있다. 공공 부문이 해서는 안 될 영역을 관료들이 아직도 부여잡고 있다는 데 있다. 이를 정리해 내는 것이 문제의 핵심이고 본질이다. 국가개조는 공공이 잘할 수 있는 영역만을 남기고 할 수 없거나 하나마나 한 부분을 걷어내는 것부터 시작하여야 한다. 이것은 가히 혁명과도 같아서 누구도 시도하지도 않았고 성공하기도 어렵다. 지금 정부도 그 부분에 눈에 보이는 성과를 거두고 있지는 못하는 것 같다. 그만큼 어렵다. 본인의 몸을 일부를 잘라내는 것과 같은 말 그대로의 혁신이자 재탄생이기 때문이다. 자기 자신의 권한과 지위와 누리고 있는 모든 것들의 상당부분을 희생하여야 가능한 일이기 때문이다. 그것도 몇몇 개개인들의 문제가 아니고 공직사회 전체에 가해지는 메스이기 때문이다.

문제는 누가 그 메스를 들 것인가이다. 누가 수술을 집도 하느냐는 그 일의 성패를 좌우한다. 불행히도 지금의 정부도 이러한 개혁에는 침묵하고 있는 것은 아닌지 모른다. 세월호 사고의 처방은 공공 부문이 지금하고 있는 일을 서열화하는 것부터 시작하여야 한다. 현재 하고 있는 일을 공공 부문이 잘할 수 있는 일들인가라는 기준으로 평가하여 중요한 순서대로 줄을 세우는 일이다. 국민안전처 하나 만들었다고 문제가 해결될 성질의 것이 아니다. 지금 하고 있는 일들을 과연 공공 부문이 잘할 수 있거나 꼭 해야만 하는 일들인지 살펴보고 아닌 것은 당장 그만두어야 한다. 잘할 수 없는 일, 하나마나 한 일, 해서는 안 되는 일을 당장 멈추는 것이다. 공공 부문이 잘할 수 있는 일을 더 잘하게 만드는 것이 진정한 행정 개혁이다.

교육의
중요성

● ● ●

습관은
의지적 운동을
본능적 운동으로 변형하는 것이다.

채용 못지않게 중요한 것이 바로 교육이다. 교육은 일회성이 아니라 지속적으로 세뇌교육 하듯이 행해져야 한다. 몸 속에서 내재화될 때까지 말이다. 잘못된 생각이나 습관이 완전히 고쳐져서 하나의 새로운 습관으로 체질화될 때까지 해야 한다. 19세기 프랑스 철학자 펠릭스 라베송(Felix Ravaisson)은 이렇게 말한다. "습관은 의지적 운동을 본능적 운동으로 변형하는 것이다." 습관은 본능적인 것이다. 따라서 습관을 변화시키는 것은 잘못된 습관을 단지 바꾸는 것이 아니라 본능적인 것으로, 비의지적인 것으로 체화되도록 만드는 것이다. 그는 또 이렇게 말한다. "변화는 지나가 버리는 것이라면, 습관은 그것을 낳는 변화를 넘어 존속하는 것, 만들어진 관습은 우리가 지속적으로 존재하는 방식"이라고 말이다. 습관은 존재 방식 그 자체라는 것이다. 그렇기 때문에 습관을 바꾼다는 것은 존재 방식을 바꾸는 것인 만큼 어려운 일이다.

앞에서 언급한 것처럼 '잘못된 관행'을 고치는 것은 고치는 차원이 아닌 새로운 탄생과 같은 의미로 해석하고 받아들여야 한다. 사람이 존재하는 방식, 즉 사회가, 시스템이 작동하는 방식, 즉 문화와도 일맥상통한, 새로운 문화를 만드는 것이다. 공직사회에 새로운 문화를 만드는 것이다. 문제는 그 일을 누가 어떻게 하느냐에 있다. 새로운 존재방식을 형성하는 일에 누가 모티브를 제공하느냐는 매우 중요하다. 그것의 성패를 좌우하기 때문이다. 공직자 구성원이 하루아침에 변할 수는 없다. 누군가가 동기를 제공해야 한다.

그 누군가는 바로 기관의 장들이다. 그 부처 구성원들의 인사권을 가지고 있는 기관의 장들은 취임 즉시 간부들에게 이렇게 주문하는 것도 하나의 방법이다. "지금부터 여러분들이 하고 있는 일들을 첫째, 꼭 해야 할 일, 그리고 시대가 변함에 따라 추가적으로 해야 할 일, 둘째, 하나마나 한 일, 지금까지 관행적으로 해왔으나 실효성이 없거나 실제 결과에 영향을 미치지 않는 일, 셋째, 해서는 안 될 일, 즉, 시대가 흐르거나 트렌드가 바뀜에 따라 더 이상 공공 부분에서 할 필요가 없어진 일, 이렇게 세 가지 유형으로 나누어서 보고하시기 바랍니다." 이렇게 지시한 후 지속적으로 그 일의 경과를 챙겨나가는 것이다. 그 일에 소극적이거나 제대로 하지 못하는 간부는 인사 조치 등과 교육을 병행하여 조직의 분위기를 만든 후에 구체적 업무를 하나의 사례를 선택하여 최하위 단위까지 어떻게 실행되는 지 직접 챙겨서 구체적인 결과를 확인하는 것이다.

정책의
일관성 확보

• • •

신뢰의 또 하나의 속성은 일관성이다.
말 바꾸기는 이러한 신뢰에 금이 가게 하는 정과 같다.

정책이 일관성을 가질 수 있도록 선거 시 약속했던 공약은 반드시 지켜진다는 믿음을 국민이 가질 수 있도록 추진되어야 한다. 비록 그 정책이 비효율적일지라도 실행이 되어 잘못된 정책 공약을 발표하면 선택한 국민들이 피해를 본다는 경험이 토대가 되어야만 정책의 신뢰는 쌓일 것이기 때문이다. 정부의 신뢰는 공직을 맡은 사람의 올바른 공직관에서 태동된다. 신뢰는 저절로 얻어지는 것이 아니다. 공직을 맡은 공직자들의 공직관이 국민들에게 스며들 때 비로소 국민들은 그때부터 믿기 위한 마음의 준비를 시작할 따름이다.

정부에 대한 신뢰는 공무 담임권에 대한 도덕적 믿음에서부터 출발한다. 또한 공무 담임권자들이 추진하고자 하는 정책이 일관성이 있을 것이라는, 지속될 것이라는 기대에서 신뢰가 싹튼다. 도덕적 믿음을 높일 수 있는 가장 확실한 방법은 공직자가 뚜렷한 공직관을 갖고 있다고 국민들이 믿을 수 있게 제대로 일하는 것이다. 그러나 일반 국민들은 공직자의 인성을 접할 수 있는 기회가 그렇게 많지 않다. 다만, 청문회 등을 통해, 언론의 보도 등을 통해 간접적인 판단을 할 수 있을 뿐이다. 국민들에게 완벽한 믿음을 줄 수 있도록 정책 공약으로 인선 기준을 사전 약속케하고 이를 지킬 수 있도록 감시한다면 현재보다는 진일보한 방법 중의 하나가 될 것이다.

정부 신뢰의 속성 중 하나는 일관성에 있다. 바로 언행일치다. 일반인의 입장에서는 말과 행동이 다르지 않음이 일관성을 보여주는 특성이라 할 수 있다. 하지만 공공 부문 특히 정부에 있어서의 일관성은 보다 복잡하다. 정책을 생산하는 공직자와 그들이 생산해 낸 정책이라는 이중 구조 속에서 이해해야 한다. 국민들은 정책을 생산하는 대통령을 포함한 공직자의 언행일치 관점에서 일관성 여부를 읽는다. 어제 한 말과 오늘 하는 말이 다르거나, 말한 대로 행동이 뒤따르지 아니하는 경우 신뢰를 얻지 못한다. 정책의 관점에서 보면 정부가 생산한 정책이 당초 설계대로 현장에서 이행되고 있는지가 일관성을 판가름하는 측정 도구가 된다.

일관성은 예측가능성을 내포한다. 그러나 예측하지 못한 상태에서의 정책 결정의 변경은 일관성을 잃어 국민 신뢰를 얻지 못한다. 전에 결정된 정책이 아무런 예고 없이, 공론화 과정 없이 바뀌는 경우가 이에 해당한다. 정책의 일관성을 확보해서 국민 신뢰를 유지하는 방법은 정책 내용과 현장과의 불일치를 해소하는 것이다. 이를 위해서는 현장 확인이 가장 핵심적 수단이 되어야 한다.

5편

신뢰의
현장 속으로

현장 속에
답이 있다

• • •

마을버스는 구청으로부터 인가된 노선을 운행한다. 이것은 형식이다.
마을버스는 가끔은 손님이 많은 노선으로 운행한다.
이것은 실제 상황이었다.

마을버스는 작은 구역 내에서 지역민들의 교통편의를 위해 저렴한 비용으로 이용할 수 있도록 하는 하나의 교통시스템이다. 그렇기 때문에 행정관청에서 일일이 노선까지 승인을 해준다. 승인을 해 줄 때는 마을버스에서 선정한 노선을 그대로 인정하는 것이 아니라 지역주민의 교통수요를 반영하여, 이를테면 멀리 떨어져 있는 외진 곳에 5-6가구가 살고 있다면 다소 돌아가더라도 그곳을 경유하도록 노선을 수정하여 인가를 해준다.

회사 입장에서 보면 승객이 적은 곳을 경유하면 기름 값이 더 들어가기 때문에 비용이 더 들 수밖에 없다. 그곳을 경유하지 않고 싶은 유혹이 생긴다. 실제 버스 세 대 중 한 대만 그곳을 경유하는 방식으로 노선운행을 하는 편법을 쓰기도 한다. 노선을 인가하는 담당자와의 결탁이 생길 여지가 발생하는 것이다. 실제 결탁이 일어나거나 운행을 제대로 하지 않는 경우도 있었다. 그런데 이러한 관행을 상위 관리자는 알고 있을까. 그것이 외부로 표출되어 드러나지 않는 한 관리자는 알지 못한다.

관리자가 능력이 없어서일까. 아니다. 일의 관행이, 조직의 관행이 실제 관리자가 현장에서 이를 확인하는 것을 꺼리는 분위기, 즉 관례가 형성되어 있기 때문이다. 1995년 당시의 구청 도시국은 주택, 도시계획, 건축, 교통, 녹지 등의 중요한 인허가를 담당하는 곳이었다. 그러니 국민들에겐 매우 중요한 곳이지만 많은 사람들은 그곳에 보직을 받는 것을 매우 꺼려했다. 소위 일을 하면서 자기 잘못도 아닌 실무직원들의 잘못으로 화를 입을까 두려웠던 것이다.

마을버스 노선 인가 또한 소위 그런 점에서 위험성이 도사리고 있는 업무 중의 하나였다. 그 마을버스 노선 인가 후에 나는 정말 그 노선대로 마을버스가 운행을 할까 의문이 들었다. 현장 확인을 직원들에게 지시는 했지만 영 마음이 놓이지 않았다. 인가된 노선대로 실제 마을버스가 운행하는지 현장 확인을 함께 가고자 실무자에게 의향을 말했더니 그 실무자는 펄쩍 뛰며 정색을 했다. 국장이 그렇게 현장을 일일이 다니는 것은 지금껏 한 사람도 없었다면서 그렇게 하면 안 된다는 강력한 뜻과 함께 직원을 믿지 못하냐는 실망감도 내비추었다. 그렇게 나올 바에야 같이 간들 제대로 점검이나 될까 의심스러웠다. 이미 담당 국장이 인가된 노선을 점검하러 간다는 사실이 노출이 될 것이 불을 보듯 훤한 상황이었다.

그래서 아무에게도 이야기하지 않고 불시에 그 마을버스를 혼자 타고 확인하기로 하였다. 다음날, 나는 오전에 서류 결재를 모두 끝내고 잠시 개인적인 일이 있어서 관외를 출타하겠다고 비서에게 말했다. 그리고 미리 생각해 두었던 마을버스에 올랐다. 이제 나는 일반인이다. 아무도 내가 누구인지 모른다. 마을버스 운전하는 기사분도 내 얼굴을 알 리 만무했다. 하지만 마음은 복잡했다. 내 의심을 제대로 빗나가 인가받은 노선대로 마을버스가 달리기를 바라는 마음이었다.

연립주택이 즐비한 주택가를 지나 뻥 뚫린 간선도로를 곧장 달린다. 이어서 좁은 길로 접어든 버스는 시장 골목으로 들어선다. 많은 사람들이 장바구니를 들고 버스에 오른다. 이 마을버스는 시장통을 가로질러 연립주택들이 띄엄띄엄 늘어선 주택가를 경유하도록 인가되었다. 과연 인가된 노선으로 갈 것인가. 시장에서 많은 승객을 태운 버스가 디젤엔진에서 나오는 시커먼 연기를 내뿜으며 이윽고 출발한다. 사거리에 들어선 마을버스. 연립주택 쪽으로 가려면 우회전을 해야 한다. 사거리에 도달한 버스가 신호등에 걸려 정지한다. 빨간 신호등. 이곳에서 신호등이 파란불로 바뀌면 직진을 하든지 혹은 우회전을 하든지 둘 중의 하나다. 잠시 몇 분이 흐르고, 신호등이 파란불로 바뀐다. 가속 페달을 밟은 마을버스. 순간 몸이 뒤쪽으로 쏠리는가 싶더니 이미 버스는 가속 페달을 밟은 채 사거리를 직진하여 통과해 버린다.

그렇다. 그 마을버스는 인가받은 노선대로 운행하는 것이 아니었다. 아니 돈이 되는 노선으로 제멋대로 운행하고 있었던 것이다. 그렇지 않기를 바랐지만 현실은 그렇지 않은 것을 확인하고야 말았다. 그러므로 관리자는 현장으로 가야 한다. 그곳에 답이 있다.

현장 마비
보고 체계

• • •

버스가 한강으로 추락하면
구조하는 사람은 한 사람에, 보고 받는 사람이 열 사람이다.
현장을 벗어난 정책은 더 이상 정책이 아니다.

대형 안전사고는 예기치 않게 일어난다. 아무리 준비를 철저히 하더라도 실제로 발생하는 것은 어쩔 수 없다. 문제는 그러한 사고가 발생했을 때의 대처다. 오래 전에 일어난 안타까운 사건이 하나 있었다. 1994년 10월에 성수대교가 갑자기 붕괴했다. (물론 사전 예후가 있었다고는 하지만 그 예후를 그 당시에 대비할 말한 수준은 아니었으니 그 부분을 이야기하지 않겠다.) 성수대교를 달리던 시내버스가 다리가 붕괴되면서 한강으로 추락했다. 문제는 이 시점부터다. 제일 먼저 해야 할 일은 버스에 탑승한 채 한강에 추락한 인명을 한시라도 빨리 구조하는 것이다. 가장 빨리 현장에 접근하여 인명을 구조하는 일이 급선무다. 보트와 장비와 인명을 구조할 인명구조대가 가장 중요하다. 그들이 얼마나 빨리 현장에 접근하여 구조하느냐가 생명을 좌우한다. 하지만 현장 상황은 그게 아니었다. 사건이 다 마무리되고 나서 '구하는 사람은 한 사람, 보고 받는 사람은 열 사람'이라는 자조 섞인 말들이 돌았다. 실제 안전사고가 발생하면 비슷한 상황이 다시 재현된다. 왜 그럴까?

이유는 잘 살펴보면 이외로 간단하다. 현장에 답이 있다는 것을 알지만 현장에 대응하는 인력은 평소에 채워지지 않는다. 어떤 안전사고가 일어나기 전까지는 현장인력의 약화 현상이 지속적으로 진행되는 것이다. 그런 상태에서 안전사고가 발생한다. 당연히 이에 대응하는 능력은 기대 이하일 수밖에 없다. 현장 대응 무능의 악순환이 일어난다. 그렇다고 이것을 무조건 공공 부문의 인력을 현장으로 배치해야 해결될 일인가. 그것도 답이 아니다. 문제는 현재의 현장 대응을 누가 하는 것이 가장 현실적으로 대처능력이 탁월한가 하는 선택의 문제다.

민간 기능에 맡기는 것이 보다 현장 대처능력이 있다면 민간에 맡길 일이다. 그렇지 않다면 현장 인력을 강화하고 현장에서 능력을 발휘할 수 있는 실질적인 인센티브 시스템을 갖출 일이다. 물론 현장에 판단 권한과 책임을 동시에 부여하는 것은 말할 것도 없이 중요하다. 현장 대처가 운명을 좌우하는 일에 있어서는 굳이 중앙 정부가 혼자 독차지할 일이 아니다. 지방자치단체에 인력과 예산과 조직과 권한을 함께 주어야 한다.

대형 사고의
본질

● ● ●

지키기로 정하여진 약속이 지켜지지 않는 데에서
대형 사고는 시작된다.

대형 안전사고는 왜 일어날까? (사회 전반에 걸쳐 있는 안전판이 정말로 부실해져 있기 때문은 아닐까 하는 의구심 때문에 이렇게 질문하는 것조차도 두렵다.) 각 사회 부문 간의 믿음과 신뢰의 부족에서 시작되는 불안감이 그 원초적 원인 제공자라고 본다. 대형 안전사고가 발생하면 여론의 분위기는 국민은 정부와 관료, 공공 부문을 신뢰하거나 믿음을 주는 데 더 이상 미련이 없는 듯 고개를 돌린다.

이때쯤 되면 국가 계약은 파괴됐다고 주장하는 글도 실린다. 민주주의의 기본이라 할 수 있는 대의제가 더 이상 신뢰성 있게 작동하는 기제로 볼 수 없다는 의견들이 쏟아져 나오기까지 한다.

그러나 사고는 안전의 가장 기본인 약속의 이행이라는 사실을 간과할 때 나타나는 결과이다. 자동차를 운행하거나 길을 걷거나 물건을 주고받거나 하는 데에도 서로간의 약속이 지켜질 때 예상한 대로의 결과가 발생한다. 그러나 당초의 정해진 규칙과 달리 자동차가 신호를 위반하거나 횡단보도를 정차하지 않고 통과하거나 보도가 아닌 차도를 좌우 살피지 않고 걷는다면 당연히 예상 가능한 좋지 않은 결과가 나타난다. 사회 구성원 각자의 작은 불편함을 감내하는 것이 큰 불편을 사전에 막을 수 있는 방편이며 안전의 출발점이자 종착점일 것이다. 우리들의 일상생활에 널려있는 약속들을 우리도 모르게 위반하면서 사는 것은 아닌지 모르겠다.

요령 없는
사회

• • •

요령 없는 사회가 선진국이다.
요령을 부리다 예외적인 상황에 맞딱뜨려 사고가 나는 순간
후회해도 소용없다.

평상시에 정하여진 규칙을 따른다는 것은 종종 불편한 일이기도 하다. 좌석버스를 기다리는 사람이 많으면 입석이라도 태워서 가라는 빗발치는 요구 때문에 실제로 출퇴근 시간대에는 편법적으로 운영되는 것이 현실이다. 실제로 바쁜 출퇴근 시간대에 왜 입석이라도 더 태우지 않느냐고 운전기사에게 화를 내고 큰 소리를 치기 일쑤다. 누구도 그것을 탓하거나 잘못됐다고 비판하지 않는다.

그러나 그것이 안전사고로 이어지면 불편함이 생사로 연결된다. 입석이라도 타게 되면 출근시간에 늦지는 않겠지만 안전벨트를 맬 수는 없다. 그러니 만일 차가 전복이라도 되면 당연히 입석 승객들의 희생이 더 클 것이다.

사실 이러한 사고 가능성은 낮다. 그러니 그 가능성에 대비하거나 투자하는 것은 어렵게 느껴진다. 만일 이상적인 상황이 벌어진다면 바로 이것이다. 버스 승강장에 길게 줄이 늘어서 있다. 좌석버스가 승강장에 들어오면 빈 좌석만큼의 승객만 탑승하고 버스는 출발한다. 기다리는 사람 누구도 왜 입석을 태우지 않느냐고 항의하거나 짜증내는 사람도 없다. 빈 좌석이 없으면 좌석버스에 올라타지 않고 태우지도 않는다는 사실은 아무 의심할 여지가 없는 현상들로 자연스럽게 받아들여진다. 물론 좌석버스를 대폭적으로 늘려서 기다림을 최소화하면 되겠지만 그렇게 하려면 버스를 증차하고 기사를 확충하고 유류 사용이 늘어나야 하는데, 늘어나는 만큼 버스운임도 대폭 올려야 한다. 새로운 비용에 대한 보전이 필요한 것이다. 만의 하나에 있을지도 모를 안전사고 예방을 위해 대폭적인 비용 부담을, 두세

배 높은 버스 운임을 지불할 것인가. 아니면 안전함을 위해 빈자리가 있을 때까지 기다리는 불편함을 감수할 것인가, 그것도 아니라면 현재처럼 만일에 있을 위험을 안고 새로운 버스비 부담을 지불하지 않으면서 입석이라도 이용하는 리스크를 감수할 것인가 하는 선택의 문제이다. 다음의 사례를 보자.

〈직행좌석버스 '돌연' 입석 금지 … 출근길 혼란〉

'세월호 참사'에 따른 안전 불안감이 높아진 가운데 서울과 경기도를 오가는 상당수 직행좌석형 버스가 안전을 이유로 돌연 '입석 운행'을 하지 않겠다고 하는 바람에 출근길 시민들의 출근이 지연되는 등 불편을 겪었다.

케이디(KD)운송그룹은 23일 서울과 경기를 오가는 직행좌석형 버스의 첫 운행부터 '입석 금지'라는 안내판을 붙인 뒤 입석 승객의 승차를 허용하지 않았다. 현행 도로교통법상 고속도로를 경유하는 노선버스의 경우 정원의 110% 범위 내에서 입석운행이 허용되고 있지만, 출퇴근 시간의 경우 승객이 몰리면서 행정당국은 버스 업체가 규정을 어겨도 사실상 묵인해온 상태였다.

그러나 이날 '입석 금지' 사실을 모른 채 입석으로라도 버스를 타고 출근하려던 시민들은 버스마다 갑작스러운 입석 탑승 금지로 인해 버스를 제시간에 타지 못해 출근이 늦어지는 등 곳곳에서 불편을 겪었다….(후략)

– 한겨레, 2014. 4. 23 –

여러분은 지금 서울과 경기도를 오가는 직행좌석버스를 기다리고 있다. 직장을 다니기 위해서는 이 버스를 정해진 시각 이전까지는 탑승해야 지각하지 않고 출근시간에 맞출 수 있다. 지금 정류장에서 서울로 가는 버스를 기다린다. 자기 앞으로 10명이 넘게 줄을 서있고 그 뒤로도 20명이 넘게 줄지어 기다리고 있다. 얼마 지나지 않아 기다리던 버스가 정류장에 들어선다. 평소 같으면 앞에 서있는 5명 정도는 좌석에 앉아서 갈 것도 같다. 나를 포함해서 20여명은 입석으로 올라타서 좌석의 난간을 잡고 한 시간을 서서 갈 것이다. 그래도 덕분에 늦지 않고 직장에 도착할 수 있는 것이다. 그런데 오늘은 상황이 달라졌다. 입석 금지이기 때문에 빈 좌석이 있는 5명만 탈 수 있다고 한다. 안전을 위해서 오늘부터 좌석으로만 운행하기로 했다고 말한다. 있을지도 모를 안전사고를 위해서 취해진 조치라고 설명한다. 평소에도 불편하긴 했지만 한 번도 사고 없이 입석으로 안전벨트도 매지 않고 밀리는 고속도로를 거쳐서 잘만 다녔는데 오늘부터 상황이 달라진 것이다. 여러분들은 이 상황에서 어떻게 반응할 것인가.

그 사건의 결말은 이렇다. 대부분의 사람들은 반발했고 그래서 없던 일이 되었다. 이전과 하나도 달라진 게 없다. 만일 입석을 꽉 메운 채 운행하던 직행좌석버스가 고속도로 상에서 사고라도 난다면 다음과 같은 기사가 헤드라인을 장식할 것이다. "안전 불감증이 빚은 사고, 고속도로 달리는 좌석버스에 입석승객들 빼곡." 그리고는 그것을 제대로 단속을 했느니 안 했느니, 그 책임 소재는 어디에 있다는 등의 비난들이 뒤를 이을 것이다.

안전사고 가능성은 지금도 현재 진행형이다. 다만 실제 현실화되지 않았을 따름이다. 우리의 마음속에서부터 진행되고 있는 것이다. 단지 마음속의 불안이 현실화되어 나타나지 않았을 뿐이다. 안전은 사회 전체적으로 지키기로 한 약속을 지키는 데에 있다.

결국, 사회 전체적으로 안전을 위한 철저한 규범 준수에 그 해답이 있다. 조금씩의 불편을 사회 구성원 모두가 당연한 것으로 받아들일 때, 그렇게 받아들일 수 있는 수준을 만드는 것, 이것이 바로 안전한 사회를 만드는 지름길일 것이다.

규제의
악순환

• • •

안전사고는 규제를 낳고 규제는 비효율을 낳고
비효율은 안전사고의 빌미를 또 제공하는 악순환의 고리를 낳는다.
뫼비우스의 띠처럼.

악순환의 고리. 대형안전사고가 빚어내는 기대치 않은 부작용의 일면이다. 대형사고가 발생하면 여러 가지 다양한 대책들이 양산이 된다. 사회적 관심을 타고 여태껏 기다려왔던 정책들이 의제로 수면에 떠오르게 되는 것이다. 행정학에서는 이러한 과정을 연구하는 분야가 정책 형성이고, 그 중에서도 정책의제가 설정되는 분기점으로 대형 안전사고를 예로 들기도 한다. 안전사고는 이와 관련 있는 전 분야로 분출되어 각종 정책들이 양산된다는 것이다. 여기서 그로 인한 악순환의 고리를 짚어보자.

대형 사고가 발생하면 이의 여파로 이와 관련한 각종 정책들이 탄력을 받는다. 실행가능성과는 별개로 각종의 공적 간여가 확대되는 계기가 되는 것이다. 가능하다고 생각되는 각종 점검과 보고 의무, 그리고 시정 명령 등 강제조항과 벌칙 등이 함께 수반된다. 대부분의 경우 법으로 만들어진다. 경우에 따라서는 전담조직도 만든다. 국민에게 가장 눈에 뜨이게 하는 가장 전형적인 방법 중의 하나다. 가장 손쉽고 가장 두드러지는 대책이기 때문이다. 안타깝지만 그 방법은 별 효과가 없다는 것이 경험적으로 입증이 되었다. 새로운 조직의 신설이라는 대책은 그만큼 유혹적이다.

새로운 조직 신설과 함께 탄생하는 것이 바로 새로운 규제이다. 평상시에는 이러한 규제 정책이 만들어질 수 있는 정책 여건이 마련되지 않다가 대형 사고를 계기로 형성된 우호적인 사회적 분위기를 업고 다양한 규제들이 양산되게 되는 것이다. 법 형식이 가장 일반적이지만, 법 이외에도 시행령, 시행규칙, 업무지침, 매뉴얼 등의 다양한 형식으로 새로운 규제 요소가 곳곳에 자리하게 된다. 공적 간여의 확대다.

그리고 시간이 흐른다. 6개월이 지나고 1년, 2년, 3년이 지난다. 이제 남는 것은 대형사고의 교훈이라는 당초 목적은 사라지고 당시 만들어졌던 조직과 수많은 인원, 그리고 그들이 행하는 규제 업무만이 남는다. 당연히 그런 식으로 만들어진 수많은 각각의 규제가 제대로 작동될 리는 만무하다. 처음부터 실제 현장에서 작동될 수 있도록 만들어진 것이 아니기 때문이다. 바로 실행 불가능한 공적 간여가 이루어진 결과다. 대형사고가 발생하여 이에 대한 대책을 만들 당시에는 현장 실행 가능성을 따져볼 시간적 여유가 없었을 것이다. 그럴만한 충분한 시간이 주어지는 사회적 분위기도 아니다. 당장 무엇인가 만들어내야 한다. 물론 시간을 오래 들인다고 해서 언제나 좋은 대책이 나오는 것은 아니지만 숙성된 대책이 나오기를 기다려줄 사람은 아무도 없다. 문제의 실타래를 푸는 시작점이 잘못되었기 때문이다.

대형사고로 인한 불필요한 공적 간여가 확대되고 시간이 지나면서 비효율적인 규제로 존속하게 된다. 그러나 이러한 규제들이 양산이 되면 규제 업무 자체로의 새로운 시장이 형성이 되면서 그 업무는 필요 이상의 자생력을 갖기 시작한다. 그렇게 형성된 규제 업무는 조직과 인원과 예산이라는 영양분을 공급받으며 점점 확고히 공적인 영역으로 성장한다. 이로 인한 반사이익 시장도 함께 커지기도 한다. 결국은 다시 새로운 문제가 발생해서 사회적인 문제로 그 업무의 비효율과 효과 없는 것으로 사회적인 비난을 받기 전까지는 누구도 이에 대한 문제의 심각함을 제기하지도 해결하지도 못한다. 이것이 규제의 악순환 과정이다.

이제는 그 규제들이 민간 업자로부터 원성을 사는 제일의 타깃이 되기에 이른다. 실효성 없는 규제로 민간의 발목을 잡는 전형적인 표본으로 지탄을 받는다. 다시 이를 현실에 맞도록 완화하거나 규제를 타파하여야 한다는 주장들이 사회적 여론의 지지를 받게 된다. 이제는 규제 완화가 또다시 사회적이고 정책적 의제로 자리한다. 안전사고를 계기로 수많은 규제 정책이 만들어지는 이유는 아직도 공적 간여의 확대가 사회적으로 또는 정치적으로 문제를 해결하는 중요한 요소라는 인식이 아직도 국민들의 마음속에 크게 자리하고 있기 때문이다.

공적 간여의
요구

●　●　●

국민은 매일 무엇을 해달라고 정부에게 요구한다.
지금껏 무엇을 간섭하지 말라고 시위하는 것은 거의 없다.

공적 간여의 확대 요구가 과거부터 현재까지도 여러 가지 형태로 있어왔다. 과연 문제해결의 올바른 방향인가를 짚어보지 않을 수 없다. 사회적인 갈등이나 대형 사건사고가 발생하면 공적 간여를 확대하는 방향으로 문제의 해결 대책을 찾으려는 경향을 보인다. 그러면서 한편으로는 공공 부문을 신뢰하지 않는다. 공공 부분은 신뢰하거나 믿지 않으면서 공적 간여의 확대를 바라는 이중적인 요구의 충돌이 빚는 모순을 설명하여야 한다.

대형 안전사고 발생에 대처하는 실제 사례를 들어보자. 대형 안전사고는 그 원인이 무엇이든 규제 강화를 촉발한다. 가장 많은 부분이 신고제에서 인가나 허가제로 바뀌는 것이다. 그 분야가 독점적이든 경쟁적이든 산업구조와 관계없이 공적 간여 확대의 가장 전형적인 방법이다. 당연히 인가 요건이나 허가 요건이 강화된다. 예를 들어 선박관련 안전사고라면 운행가능한 선박의 선령 요건이 단기간으로 강화된다. 또한 기술적인 안전과 관련된 운행요건이 강화된다. 배에 실리는 화물 적재 상한의 하향 조정 등이 함께 이루어진다. 아울러 검사기간을 단축한다. 기존 1년이라면 6개월로 단축된다. 제일 마지막으로 취해지는 조치는 이에 위반한 부분에 대한 벌칙 강화와 함께 이로 인해 증가되는 업무를 처리할 조직과 인력과 예산의 확대다.

이러한 마지막 조치가 가장 극단적으로 취해지는 것이 바로 '전담 조직의 설치'다. 해당 안전사고의 사회적 여파에 따라 조직의 규모가 결정된다. 통상은 해당 부처의 국 단위의 신설이 이루어지지만 그렇지 아니한 경우도 많다. 2014년 4월 16일에 발생한 진도 세월호 침몰 사건은 급기야 부처단위의 신설이라는 가장 극단적인 조직 강화 조치로 결론지어졌다.

새로운 부처가 신설되는 것이다. 그렇게 되면 문제의 상당 부분은 해결될 것이라는 환상과 함께 새로운 부처가 탄생한다. 시간이 흐른다. 새로운 조직이 출범하는 데만 족히 6개월이 걸린다. 조직이 설립될 즈음에는 사고가 일어났는지조차 기억이 희미해진다. 이제 남는 관심사는 조직의 장이 누가 되는지, 얼마만한 조직 규모와 권한과 인력과 예산을 갖는지가 주요 관심사가 되어 버린다. 실제 현장에서 어떻게 일이 이루어져야 하는지는 관심도 없고 소위 '컨트롤 타워'라는 고위직 자리만 늘어난다.

답은 현장에서 어떻게 즉각적으로 대응할 것인가가 문제의 핵심인데 아직도 그것을 간과하는 것이다. '현장에 답이 있다'라는 평범한 진리는 사라진지 오래다. 국지적인 재난에 컨트롤타워를 운운하다니 아직도 문제의 본질을 정확히 이해하지 못하고 있는 것이다. 자동차 사고나 선박 사고가 일사분란하게 지휘를 하여야 할 사안인가, 아니면 현장에서 즉시 대처하는 방법에 관한 문제인가. 물론 후자가 되어야 한다. 사고 현장 가장 가까이 있는 사람들이 상황에 맞도록 대처하는 행동요령이 무엇보다도 중요한 일이다. 사고 현장 가장 가까이에 있는 사람들이 그 일을 해결할 수 있는 사람들인 것이다. 선박 안전사고와 관련된 일단의 관련자 행동 범위를 정리해 보면 다음과 같다. 사고 전과 후로 구분하여 정리하면 사고와의 인과관계 도표가 다음과 같이 정리될 수 있을 것이다.

사고와 관련된 행위와 강력한 인과관계

구 분	행위	인과관계	공적 간여 효과
사고 전	선박 안전 검사		큼
	선박화물 초과적재		큼
	선박 구조 변경	강함	큼
	선박 운항 기술		알 수 없음
사고 후	승무원 대처		알 수 없음
	즉각 출동 구조		
	신속한 인양		

이 도표로부터 공적 간여의 범위가 결정된다. 가장 인과관계가 높은 부분 중 공공 분야가 관여하는 것이 바람직한지 아니면 오히려 경쟁적 시스템에 맡기는 것이 더 나은지를 판단해야 한다.

인과관계의 모든 부분을 공적으로 해결할 수 없다는 것을 먼저 받아 들여야 한다. 공공 부분이 만능은 아니다. 위의 도표에서처럼 사고와 직접적인 연관이 있다고 보이는 행위들은 선박 안전검사, 화물 초과 적재, 선박 안전 운항 기술, 승무원 대처, 즉각적 출동 구조, 신속한 인양 등이다. 그 이외의 대부분의 것들은 그 자체로 사고발생과 직결되거나 사고 후에 인명 구조와 직결되는 행위라고 보기는 어렵다. 예를 들면, 단체수학여행을 시행하는 교육부의 프로그램이라든지, 여행프로그램 교통수단을 왜 비행기로 하지 않고 선박으로 했는지, 심지어는 왜 제주도로 수학 여행지를 선정했는지 등이 그렇다. 이렇게 사고와 인과 관계가 전혀 관련 없는 것들도 나중에는 공적 간여가 이루어지는 계기가 된다는 데에 문제가 있다. 공적 간여 확대라는 방향으로 사후 대책 방안이 이루어지면, 이와 관련한 인명 안전사고와 직결되는 핵심 몇 가지를 제외하고는 현장에서는 실행이 어려운 수많은 대책들이 양산되는 결과를 낳게 될 수 있다.

공적 간여의
참사

· · ·

공공이 모든 것을 해결할 수 있다는 환상을 이제는 버려야 한다.
가장 잘할 수 있는 이에게 맡기는 것이
궁극의 안전사고를 예방하는 길이다.

결국은 우려했던 것처럼 이렇게 공적 간여가 확대된다. 바람직하지 못한 경로를 밟게 되는 것이다. 규제의 악순환이다. 규제 완화로 경제 활성화를 하겠다는 당초의 약속은 대형 안전사고라는 전환점을 맞아서 크게 선회한다. 규제완화는 없던 일이 된다. 이제는 안전과 조금이라도 관련된다고 생각하는 분야에 규제가 강화된다. 그 실행가능성 여부와는 관계없이 규제가 강화되는 것이다. 규제 강화 그 자체가 안전 확보의 성과인 것처럼 생겨난다. 드디어 대형 안전사고 발생 후 20여일이 지난 시점에서 그러한 조짐이 일어난다. 정확히 사고 발생 20일 만에 나온 기사를 보자.

〈'세월호 참사 여파' 안전 규제는 완화 안 한다〉

인증 분야의 규제완화를 추진 중인 정부가 국민 안전과 직결된 법적 강제인증은 논의 대상에서 제외하기로 했다.

5일 산업통상자원부 장관은 지난달 21일 열린 제1차 규제 청문회에서 "강제인증은 안전과 관련된 사안이라 더 심도 있는 검토를 거쳐야 한다"며 당장의 규제 완화 대상에서 빼겠다는 뜻을 내비쳤다.

이는 청문회 닷새 전인 16일 발생한 세월호 침몰 사고로 정부의 안전 불감증에 대한 국민적 질책이 거세진 것을 고려한 것으로 보인다… (후략)

- 연합뉴스, 2014. 5. 5 -

산업부의 권한이 확대되는, 정확히 말해 민간 영역에의 공적 간여가 확대되는 신호탄으로 볼 수 있다. 당초 규제완화에 대해 정권차원에서 강력하게 드라이브를 걸던 모습을 지켜보던 공무원들이 이번 사고를 계기로 규제완화는 없던 일로 치부해버린다. 규제완화는 탄력을 잃는다. 오히려 규제강화로 돌아서버린다. 안전관련 규제강화는 물론 다른 부분까지 규제강화가 탄력을 받는다.

그런데 여기서 근본적인 의문이 드는 한 가지 사실이 있다. 안전사고와 규제완화가 정말 직접적인 인과 관계가 있는 것인가 하는 문제다. 중복 인증을 하면 물건이 제대로 만들어 지는 것인지 의문이다. 물건을 인증 받았다는 것이 중요한 것이 아니고 인증을 받은 물건이나 그렇지 않은 물건이나 품질 면에서 대동소이 하다는 것이 더 큰 문제임에도 인증 받았는지 여부가, 그 형식적인 절차가 품질을 대체해버리는 것이다. 바야흐로 형식이 실질을 지배한다.

할 일,
말 일

• • •

사회적 발전 원동력은
창조를 위한 파괴에서 시작된다.

앞에서 언급한 이러한 논의나 생각들은 대형 안전사고가 발생하면 더 이상 표출되지 않는다. 사회적 분위기가 이를 용납하지 않을뿐더러 오히려 공적 간여를 더욱 부추기기 때문이다. 여기에는 언론도 당연히 한 몫을 한다. 정부의 무능을 탓하면서도 한편으로는 더 깊이 민간에 개입하기를 촉구한다. 안전 검사를 강화하고 교육을 강화할 것을 주문하며, 이러한 내용들을 어길 때에는 일벌백계할 것을 주장한다. 결국은 공무원의 역할을 더 강화할 것을 주장하는 것이다. 무능이라고 질타하는 이면에는 공무원은 능히 그것을 해결할 것이라는 기대를 숨기지 않고 있는 것이다. 과연 그것이 가능한가. 그만큼 공무원들이 국민들이 바라는 만큼의 역할을 할 수 있을까.

불행하게도 결론은 아니다. 할 수 없다. 할 수 없는 것을 하라고 촉구하는 것은 어리석은 일이다. 개인적인 일상사에서는 그 가족이나 단체나 그 개인이 책임지면 되겠지만 국가 일을 그렇게 할 수는 없는 노릇이다. 그렇기 때문에 공공 부분이 할 수 없는 일이거나 한다 하더라도 사실상 효과가 없는 것은 공공 부분에서 하면 안 되는 것이다. 그것을 담당하는 공무원의 능력 유무와는 전혀 관계가 없다. 공공 부분이 잘할 수 없는 부분을 걸러내는 작업이 그래서 중요하다. 이는 공공 부분의 역할 범위를 결정하는 중요한 요인으로 작용한다. 관료제에 대한 기대감보다는 해결 주체로서의 관료제에 기대는 심리가 커진다.

독일의 사회학자 막스 베버(Max Weber)의 관료주의이론에 의하면 관료적 역할이 문제해결에 상당한 도움을 준다는 사실은 부정하지는 않는다. 그러나 관료주의의 폐해는 까다로운 규칙, 의사결정의 계층구조, 경직된 조직문화 등으로 요약될 수 있다. 사회부문 중 공공부문을 제외하고는 이렇다 할 사회적 시스템이 성숙하지 않은 시기에는 관료주의는 강력한 힘을 발휘했다. 경제개발 계획을 세워 그에 따른 재원을 투입하여 성과를 내었고, 사회, 문화, 경제시스템은 물론 심지어 체육을 비롯한 사회 모든 부문에 까지 관료주의 시스템은 위력을 발휘했다. 실로 관료주의의 승리였다. 그동안의 전통적인 행정 분야의 시스템은 19세기 말과 20세기 초에 영국과 미국의 민주주의 국가에서 다양하게 실험적으로 태동된 이후에 점차 발전하는 단계를 거쳤다. 발전된 관료제적 공공 부문 시스템은 1980년대까지 그 힘을 발휘하여 전 세계로 확장되었다. 우리나라도 물론 예외가 아니었다. 관료제는 계층제적 통제 요소와, 명문화된 법과 관례를 통한 조정과 통제, 품목별 예산 편성과 집행을 통한 엄격한 절차적 획일성, 그리고 신분 보장을 기반으로 한 영구 직업공무원제라는 강력한 행정기제들이 작동하던 시대였다.

그러나 지금은 아니다. 사회 발전의 원동력이 창조적 파괴에 기인하는 것이라면 관료제는 더 이상 그 기제를 활용할 수 있는 시스템으로서의 효능을 기대하기 어려운 시대에 접어든 것이다. 정부가 해야하는 일은 민간 부분에서 도외시되거나 민간이 할 수 없는 영역에 한정해야 한다. 시장 기능이 작동하기 어려운 영역에 국한하여야 하는 것이다.

전염병 제로
대처

●　　●　　●

2015년 5월 20일 소위 중동호흡기증후군 최초 환자가 발생하였다.

정부는 무엇을 했는가?

무엇을 했어야 하는가?

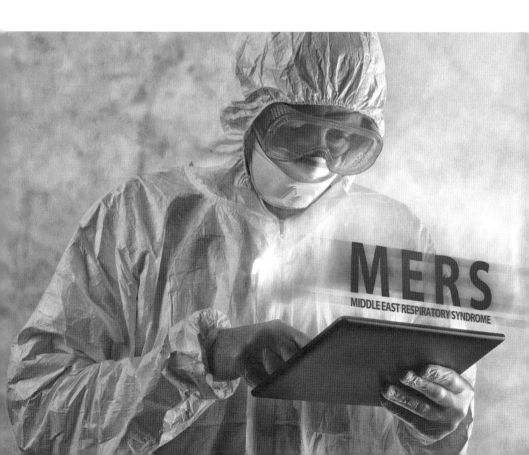

2015년 5월 초에 중동을 여행했다 돌아온 여행객 한 사람이 발열 증세를 보이며 이를 치료하기 위해 경기도 한 병원 응급실에 입원함으로써 시작된 중동호흡기증후군 메르스(Mers) 사태가 시작되었다. 문제는 이 환자가 전염성과 치사률이 높은 메르스 환자로 확진된 후 정부의 대응이다.

우선은 전염병 관리에 대한 기본적 인식의 문제다. 전염병 관리는 강제력을 수반하는 전형적인 공공 업무다. 정부가 꼭 해야 할 영역 중에서도 아주 우선순위가 높은 업무다. 따라서 선제적인 강제 조치가 뒤따라야 마땅했다. 제일 먼저 해야 할 일은 지방자치단체를 포함한 정부가 즉시 조치해야 할 일을 하는 것이었다. 확진자의 접촉 경로를 확인해서 그 사람들을 격리시키고 관찰하는 일, 그리고 예후를 보이는 사람들을 격리하여 치료할 장소와 인원과 관련 장비를 갖추는 일, 또한 국민들에게 필요한 정보를 정확히 제공하고 행동 수칙을 구체적으로 알리고 홍보하는 일 등이 그것이었다. 이 조치는 확진된 그날 아니면 그 다음날을 넘기지 않고 나왔어야 했다. 이 모든 일을 질병관리본부가 독자적으로 모두 할 수는 없다. 그러므로 지방자치단체에 권한과 책임을 부여하고 공동 관리 체계로 이끌어갔어야 할 일이다.

그러나 중앙 정부의 고질적인 병폐가 여지없이 이 단계에서 드러나고 말았다. 전염병 관리 업무는 중앙 정부의 전속적인 권한이라는 사고방식이 메르스 사태에서도 드러난 것이다. 중앙 정부가 잘할 수 없는 영역에 대해서도 지방자치단체에게 권한과 책임을 맡기지 않은 것이다. 자택격리 대상에 대한 관리는 지방자치단체의 보건소 인력을 활용하지 못하면 실질적으로 통제가 어렵다. 그 수많은 지방자치단체의 보건소와 보건환경연구원들의 전문 인력을 활용할 생각까지 미치지 못하였기 때문이다. 평소에 공문으로만 협조가 오갔을 뿐이었다. 질병에 대한 검사 등의 문제도 마찬가지다. 중앙 정부가 최종 권한을 갖고 있다는 생각에 사로잡혀, 일을 보다 효율적으로 할 수 있는 시스템을 초기에 마련하지 못한 것이다. 우선적으로 자치단체의 인력을 활용하여 1차 검진하고 추후에 최종 확정을 권위 있다고 생각하는 중앙 기관에서 해도 될 일이었다. 급박한 상황에서도 권한의 문제가 내심 개입되었을 가능성도 전혀 배제할 수 없다.

또 하나의 문제는 똑같은 실수를 다시 반복했다는 데에 있다. 호흡기 관련 증후군은 시차를 두고 두 차례나 겪은 일이었지만 2015년 메르스 대응에 있어서는 마치 처음 대하는 것처럼 그 대응이 초보적 수준에 그쳤다는 데 있다. 처음 마주하는 급박한 상황은 용서가 되지만 유사한 상황이 재차 발생하였음에도 예전의 실수를 반복하는 것은 태만 아니면 무능이라고밖에 설명할 길이 없다.

세 번째의 문제는 일에 대한 중요성 판단 능력의 문제다. 안전 특히 공중 위생이나 공중 보건과 관련된 문제는 선제적 과잉내응이 원칙이다. 전염병 관리 문제야말로 초기의 과잉대응으로 대처할 일이다. 그래야 사태가 가장 빠르게 진정이 된다. 전염의 문제는 심리적 불안감을 동반하는 문제이기 때문이다. 심리적 동요는 초기의 강력한 대응으로 어느 정도 치유될 수 있다. 그래야 정부 신뢰도 확보할 수 있는 것이다.

마지막으로 정부 대책 환경이 예전과는 사뭇 질적으로 달라졌음을 인식해야 한다. 이제는 정부가 발표하는 정보보다 SNS로 유통되는 정보가 빠르고 구체적이어서 국민들이 더 신뢰한다. 그게 현실임을 인식하여야 한다. 세상이 달라진 것이다. 세상이 달라졌는데도 달라지기 전에 통용되었던 화법으로 국민들과 대화가 되겠는가. 행정 환경이 달라졌으면 행정행위도 그에 맞게 변해야 한다. 또한 소수의 핵심 전파자의 이동경로가 파악이 되었을 때 왜 즉시 전국시도지사회의를 개최하여 이에 대한 공동 대응과 협조를 구하지 않았을까?

정부가 꼭 해야 할 일 중의 하나가 공중 보건 업무임은 두말할 나위가 없다. 공공의 건강과 생명에 직결된 문제는 정부가 꼭 해야 할 일일 뿐만 아니라 잘해야 할 일이기도 하다. 누구도 대신해 줄 수 없는 정부만이 할 수 있는 일이기 때문이다. 꼭 해야 할 일은 하지 않거나, 잘해야 할 일을 잘해내지 못하는 데서 국민들은 정부에 대한 믿음을 거둔다.

솔선수범
충전소

• • •

서울의 가장 중심 서소문 서울시청 별관 마당,
도심 한복판인 이곳에 가스 충전소가 있다.
편리함과 쾌적함은 항상 위험을 수반하는 일이다.

2007년 가을 서울의 종로구 평창동 버스 차고지에 마을주민 100여명이 모여들었다. '결사저지'라고 쓰여 있는 머리띠를 두르고 손에는 각종 충전소 반대 구호가 적힌 피켓을 들고 있다. 모두가 격앙된 표정이다. 버스 차고지에 폭발 위험성이 높은 천연가스 충전소 설치를 반대하기 위한 집회였다. 이미 차고지 주변에는 수십 개의 현수막들이 어지럽게 붙어 있었다. '주민 안전 위협하는 충전소 설치 결사 반대'에서부터 '충전소 필요하면 서울시청 앞마당에 설치하라'에 이르기까지 어떤 이유로든 그 동네에는 충전소 설치가 불가하다는 것이었다.

그러나 당시의 서울의 대기 질은 그야말로 최악의 상황이었다. 특히 서울 시내를 운행하는 7,700여 대의 시내버스는 미세먼지를 내뿜는 주범이었다. 버스 한 대가 1시간가량 내뿜는 미세먼지를 포집하면 2.5리터 유리병에 가득 차고 넘치는 양이었다. 그만큼의 미세먼지를 시민들이 길을 가면서 도로변에서 마셔대도록 그냥 둘 수는 없는 노릇이었다. 더군다나 일반 흙먼지와는 달리 경유차에서 나오는 미세먼지는 입자도 작아서 폐포 깊숙이 영향을 미칠 뿐 아니라 중금속 등도 다량 함유하고 있어서 폐질환뿐 아니라 심혈관계에까지 커다란 영향을 미친다는 미국 캘리포니아주 EPA의 연구 결과도 있는 터였다. 따라서 2000년도부터 정부와 서울시 차원에서 대대적으로 경유 버스를 미세먼지가 발생하지 않는 연료인 천연가스 버스로 대체하는 사업을 추진했던 것이다. 그러나 문제는 천연가스 충전소 설치가 주민 반대로 진척이 지지부진 하다는 데에 있었다. 서울 시내버스

7,700여대 전체를 천연가스 버스로 대체하기 위해서는 최소한 37개소의 충전소가 필요했지만 2007년 당시까지도 충전소는 10개에 미치지 못한 상황이었다. 물론 버스 차고지 인근 주민들의 집단적인 반발 때문이었다. 충전소 설치 반대는 주민 표를 의식한 선출직 지방의원들은 물론 국회의원들까지 합세해 주민들의 반대 집회에 앞장서는 지경에까지 이르렀다. 지방의원들은 시의회 상임위원회 회의에서 연일 설치 결정을 철회할 것을 종용했다. 주민들도 의원들도 국회의원도 누구도 충전소 설치를 바라는 사람은 없었다. 심지어 언론까지도 충전소 설치가 제대로 되겠느냐는 냉소적 반응을 보였다.

그러나 충전소 설치는 서울 시민 전체의 보건과 건강을 위해서는 반드시 추진해야 할 사업이었다. 하면 좋은 것이 아니라 반드시 해야 하는 일은 공공 부분이 아니면 할 수 없다는 이야기다. 공공 부문의 존재 이유인 것이다.

반대를 해결하는 방법은 이론적으로는 다양하게 거론된다. 설득과 협상, 정당한 보상, 합리적 양보라는 방법도 거론되기도 한다. 설득은 중요하다. 하지만 논리적인 설득으로 상대방이 이해하는 것과 정책 결정을 받아들이는 것과는 별개 문제다. 설득함으로써 문제가 해결된다면 이미 집단 민원은 일정 시간이 지나면 수그러들어야 한다. 하지만 현실은 그렇지 않다. 충전소 설치와 관련한 양보라면 충전소를 설치하지 않는 것 이외에 달리 양보가 있겠는가. 협상이나 정당한 보상은 일견 합리적인 것처럼 들리기도 한다. 주민들이 꺼려하는 시설을 설치하는 대가로 일정 금액의 보상이 주어지는 타협 방안인 것이다. 가장 흔히 쓰이는 방법이긴 하지만 따지고 보면 자기 주머니 돌려막기에 불과한 근시안적 해결책에 불과하다. 그런 논리라면 주민이 원하지 않는 시설을 설치할 때마다 보상을 하여야 할 것이고 그 금액 수준도 지속적으로 상승할 터인데 그 부담은 무엇으로 충당할 것인가.

충전소 설치 문제 해결 방법은 오로지 솔선수범이었다. 그렇게 위험하지 않은 시설이라는 점을 솔선해서 실천하는 길뿐이었다. 사실상 천연가스 충전소는 기술적으로 말해서 가정에서 사용하는 도시가스관을 타고 오는 도시가스를 압축하여 버스에 부착된 특수 연료통에 주입하는 설비를 말하는 것으로 충전소 자체의 위험성은 우려하는 것처럼 그리 높지는 않았다. 다만 주민들은 과거의 폭발 사례에 대한 불안감이 훨씬 더 크게 작용하는 심리적인 문제였다.

주민들의 불안감을 해소하기 위한 방법은 '그렇게 안전하면 시청 마당에 설치하라'라는 반대 현수막 내용을 그대로 실천하여 보여주는 방법밖에 없지 않은가. 공공의 일을 하는 공무원들의 집무 공간인 시청 별관 마당에 솔선하여 충전소를 설치하기로 주민들과 약속하였다. 충전소 설치는 기술적으로는 보름 이상 걸릴 일도 아니었다. 5-6평 정도의 공간에 반지하로 땅을 파고 일정 두께의 콘크리트 방호벽을 설치한 후에 이미 제작된 압축기를 설치하고 근처에 지나가는 도시가스관에서 연결한 도시가스 인입관을 압축기에 연결하는 것이 공정의 전부였다.

공무원들이 근무하는 공간에 충전소를 설치한 사례는 서울시가 최초는 아니었다. 이미 일본의 동경도청 반지하에 충전소를 설치하여 동경도청에서 운행하는 청소차량 등에 연료를 충전하고 있었다. 동경도청 사례를 참고하여 청사 마당 한 켠에 충전소를 설치하는 작업에 들어갔다. 청사에 근무하는 동료들에게는 그리 반가운 일은 아니었겠지만 반대하는 분위기는 아니었다.

문제는 전혀 예기치 못한 곳에서 터졌다. 서울시청 별관은 지적도상 문화재인 덕수궁과 100m 이내에 연접해 있어서 충전소 설치는 굴토 공사를 수반하는 공사이므로 문화재 심의를 받아야 한다는 것이었다. 청사 설계도상으로는 이미 굴토 깊이에는 상하수관로나 통신관로 그리고 일제 강점기 시대 당시 건물과 건물 사이를 연결한 폐쇄된 지하통로 이외에는 어떠한 문화재도 존재할 가능성이 없었다. 하지만 법 규정에 따라 심의는 당연히 받아야 한다. 다만, 문화재 위원들을 설득하는 데에 일부 문제가 생겼다. 왜 덕수궁 옆에 충전소를 설치하느냐는 부정적 시각을 가진 위원들이 소수 있었다. 이 위원들을 설득을 하지 못하면 중앙 문화재 심의까지 가는 절차를 밟아야 했다. 그러면 충전소 설치는 당해 년도 안으로 끝날 수 없는 일이었다.

혹자는 모든 과정을 천천히 밟아서 진행하는 것이 절차적인 정당성이 있는 것 아니냐고 점잖게 이야기 하는 사람들도 있었다. 좋은 말이다. 하지만 그러한 진행으로 제대로 일이 이루어진 경우는 거의 없다고 보아도 과언이 아니다. 공공 부문의 일은 그래서 민원이 많고 절차가 복잡하고 하기 어려운 일들은 추진이 잘 안 되는 이유가 여기에 있다. 자기가 재임하고 있을 때 문제될 만한 사안이나 민원이 복잡하게 얽혀 있는 사안들은 가급적이면 미루기 일쑤다. 그리고 그 일 안 한다고 물러나는 공무원들을 본 적이 없다. 오히려 적극적으로 추진하다가 일부 실수로 도중 하차한 경험을 많이 보아 온 것이 사실이다. 그래서 일이 잘 안 되는 것이다. 불행하게도 이러한 현상은 지금도 변하지 않았다. 일부 반대하는 위원들을 자택에까지 찾아가서 설득한 끝에 겨우 문화재 심의 절차를 마쳤다.

그런데 다른 복병이 또 숨어 있었다. 시청 별관에서 800m나 떨어져 있는 모 종합일간지 편집국장의 반대 칼럼이 게재된 것이었다. 충전소가 설치되어 충전을 위해 버스들의 통행이 증가하면 인근에 있는 언론사 근무자들에게도 나쁜 영향을 준다는 것이다. 결국 자세한 설명을 위해 방문하여 설명하고자 요청하였으나 끝내 받아들여지지 않았다.

절차가 완료된 후 공사는 순조롭게 진행되었다. 착공한 지 두 달 만에 산뜻하게 단장한 충전소는 운영을 시작하였다. 충전소 옥상에는 휴게 공간도 설치하였다. 간판도 충전소가 아닌 '서울 클린스테이션'으로 미려하게 조각하여 누가 보아도 위화감을 주는 시설은 아니었다. 충전소 개소식에는 환경부 장관을 비롯한 정부 관계자는 물론 충전소가 설치될 지역의 주민들도 함께하였다. 그 이후로 충전소 설치 사업은 순조롭게 진행되어 거의 1년 만에 거의 모든 지역에서 완공되거나 착수되는 결과를 가져왔다. 당시 서울의 대기질(大氣質) 개선을 가장 핵심적인 정책 우선순위로 삼아 강력한 지도력을 발휘한 오세훈 서울시장은 물론 현장 업무를 담당한 직원들의 열정이 아니었다면 서울 시민의 건강에 심각한 위해를 가하고 있는 경유버스의 연료 전환을 통해 미세먼지를 대폭 줄이는 결과를 보이는 것은 어려웠을 것이다.[14]

정부가 하여야 할 일 중의 하나는 이처럼 집단적인 민원이 있더라도 해야 할 일을 적기에 해내는 데에 있다. 국민의 건강을 위협하는 요인들을 찾아내어 이를 해소하는 것은 정부만이 할 수 있고 정부만이 할 수 밖에 없는 대표적인 사례다.

충전소 설치와 같은 유사한 사례를 하나 더 들어보자. 우리가 24시간 잠잘 때를 제외하고 계속 배출해내는 생활쓰레기를 처리하는 처리시설에 대한 일이다.

---

14 서울의 대기질은 2005년 70㎍/m3에서 2010년 50㎍/m3 수준으로 대폭 개선되었다. 그 이전에는 흰색 와이셔츠를 하루만 입어도 소매와 목 부분이 미세먼지로 금방 새까맣게 더러워졌지만 지금은 그렇지 않다.

님비 현상
해결

· · ·

인간이 배출한 쓰레기는 어떻게든 처리해야 한다.
음식물이든 생활폐기물이든 이를 처리하는 일은
집단적 저항에 부딪힌다.

2005년 강남구는 서울시를 상대로 소송을 제기했다. 소각장 건설 당시에는 강남구에서만 발생하는 쓰레기를 처리하기로 합의했고 다른 구의 쓰레기를 처리하고자 할 때에는 소각장 주변 300m 이내에 거주하는 주민들의 대표로 구성된 주민협의체와 합의를 거치도록 서울시 조례에 되어 있었던 것을 강남구나 주민협의체와 아무런 논의도 없이 협의를 하면 다른 구의 쓰레기도 반입하여 처리할 수 있도록 조례를 개정했다는 것이다. 즉, 개정된 조례에 대한 '조례 무효 확인 소송'을 낸 것이다.

당해 사건은 서울행정법원 합의부에 배당되었다. 원고는 강남구청장이고 피고는 소각장을 건설하고 소유하고 운영하고 있는 서울시장이었다. 주민의 선거에 의해 선출된 구청장의 입장에서는 주민들의 집단 민원을 수수방관하기는 어려웠을 것이라는 것도 이해가 가지만 서울의 광역-기초 간의 소송은 드문 일이었다. 강남뿐만이 아니었다. 당시 소각장은 강남을 포함하여 노원과 양천 그리고 마포 등 4군데에 운영이 되고 있었고 4군데 구에서 발생하는 쓰레기만을 소각하기 때문에 소각장 가동률이 20%를 밑도는 상황이었다. 그러나 주민 입장에서는 할 말이 전혀 없는 것도 아니었다. 소각장을 건설할 당시에 광역으로 처리할 시설을 건설키로 했다가 주민들의 집단 반발에 부딪히자 1구 1소각장 건설 정책으로 전환한 것도 사실이었다. 그런 와중에 25개구 전체에 소각장을 건설하는 정책은 다시 폐기되는 등 정책의 일관성에도 문제가 전혀 없던 것은 아니었다. 그러나 현실은 누가 보아도 현재 있는 시설을 광역적으로 사용하는 것이 상식에도 부합하는 일이었다. 그런 상식에 입각해서 가동률이 현저히 떨어지고 있던 소각장 이용 광역화 정책이 추진된 상황이었다.

쓰레기 처리 시설을 확보하는 것은 사실상 광역적인 문제를 벗어나 국가가 개입하여야 할 지경에까지 이르렀다. 당시 김포 매립지는 매립 가능 사용 공간 연한이 채 24년 밖에 남지 않아서 쓰레기 반입량을 획기적으로 줄이지 않으면 조만간 새로운 매립지를 확보하여야 할 상황이었다. 어떻게 하든 매립지 사용연한을 늘리려면 소각량을 늘려 매립량을 줄여야 했다. 그렇지 않으면 새로운 매립지를 만들어야 하는 데 새로 조성할 공간도 마땅치 않으려니와 공간이 있다 해도 최근의 추세로 제대로 주민을 설득하여 동의를 구하는 일도 거의 불가능에 가까울 터였다. 그런 와중에 기존의 소각장 가동률을 높이는 것은 시급한 현안과제일 수밖에 없었다. 그 일환으로 조례를 개정한 것이었다. 다른 구의 쓰레기를 반입하려면 주민협의체의 합의를 거쳐야 하는 데 그게 가능한 일인가. 따라서 합의 조항을 협의로 개정한 것이었다. 기존의 합의 조항대로라면 어떠한 조건을 제시하더라도 주민협의체가 동의하지 않으면 다른 구의 쓰레기를 반입하는 것은 사실상 불가능한 일이었다.

여기서 한 가지 짚고 넘어가야 할 일이 있다. 소위 '혐오시설'이라는 용어의 문제이다. '혐오한다'라는 감정은 주관적인 가치 판단이 개재된 비중립적 용어다. 개개인의 싫어함의 농도는 천차만별이다. 그러나 일단 혐오시설이라는 단어로 어떤 특정시설을 단정지으면 그 실체와 관계없이 '다른 사람들이 그것을 싫어한다, 나도 마찬가지다'라는 감정의 일체감을 형성하게 되는 것이다.

소각장을 예로 들어보자. 농촌 시골 어귀 또는 초등학교 마당 구석에는 어김없이 소규모 소각시설이 있었다. 무언가를 깨끗하게 태워버리는 장소였다. 그런 시설은 교실 한가운데에도 있었다. 추억이 깃든 난방 시설인 난로가 그것이다. 사람들은 그것을 점심시간이 오기 전에 서로 먼저 도시락을 올려놓으려고 다투던 추억의 시설로 기억한다. 난로의 연료는 타면서 유해한 가스를 분출하는 갈탄이지만 난로를 유해한 시설로 기억하는 사람은 드물다. 그것을 혐오시설이라 하지 않는다. 벽난로는 어떤가. 부의 상징이고 또한 부러움의 대상 아닌가. 똑같은 소각이라는 형태의 행위가 이루어짐에도 사람들은 쓰레기 소각장은 혐오시설로 다른 소각 시설은 다른 친근한 이미지로 인식한다.

하나의 예를 더 들어보자. 묘지 이야기다. 사람은 죽는다. 죽으면 이를 처리하는 행위, 즉 매장 또는 화장을 한다. 죽음과 관련된 시설은 장례식장, 화장장, 납골당, 공동묘지, 산과 들에 널려있는 개인 묘지들이 그것이다. 살아있는 사람들은 그것을 혐오시설이라 부른다. 삶과 죽음의 경계를 명확히 하고 죽음은 가까이 하기에 꺼려지는 것, 두려운 것, 그리고 나쁜 것으로 대비시켜서 삶이란 좋은 것, 죽음이란 나쁜 것이라는 프레임을 설정한다. 따라서 그와 관련된 시설은 모두 혐오시설인 것이다. 그런데 문제는 그러한 시설은 꼭 필요하다는 살아있는 사람이 많을수록 그런 시설이 더 필요하다는 데에 있다. 죽음과 관련된 시설은 달리 말하면 생활 필수 시설인 셈이다. 살아있는 사람들의 곁에 있다가 죽음으로써 이용되는 삶의 한 과정이 되는 시설인 것이다.

이러한 시설에 대한 혐오감이 유독 우리나라의 경우에 더 심한 이유는 무엇일까? 이웃 일본의 경우에는 주택가 근처에 묘지들이 즐비하고 묘지가 생활공간과 바로 연접해 있다. 유럽이나 아메리카에서도 마찬가지다. 죽음을 바라다보는 시각 차이에서 오는 것일까.

혐오시설이 아닌 생활 필수 시설로써의 소각 관련 시설 또는 매립 시설은 어딘가에는 있어야 한다. 그런데 있는 시설마저도 이용률이 극히 저조하다면 이를 그대로 방치하는 것은 직무유기다. 다소 주민과의 불협화음이 있더라도 충분한 설득 후에 강력한 추진을 하는 것이 공직자가 할 일이다.

강남구에서 제기한 행정소송은 행정법원에서 기각되었다. 물론 서울시의 담당 공무원들이 적극적으로 광역화의 필요성을 적극 주장하였고 이러한 열정이 법원의 마음을 움직인 것이다. 열정적으로 해야 할 일을 집단민원을 두려워하지 않고 심지어 멱살을 잡히면서까지 추진해내는 공직자들이 도처에 많다. 다만 그들이 드러나지 않을 뿐이다. 그들의 용기를 북돋워 주고 격려해야 할 일은 관리자의 몫이다. 일하는 공직자는 누군가로부터 욕을 먹는다. 특히, 일부 정치권으로부터, 공공의 일에 대해 집단적 이익을 앞세우는 사람들로부터 원성을 듣는다. 모든 국민들이 아닌 일부 이익집단으로부터 욕을 먹는 공직자가 진짜 공직자라 할 수 있다. 특히 소각장과 같은 반드시 필요하지만 또한 필연적으로 집단반발이나 민원이 뒤따르는 일에 있어서는 더욱 그렇다. 다시 말하면 반드시 공공 부문에서 해야만 하는 업무에 있어서는 기관장이든 누구든 비난을 감수해야 하는 것이다. 이러한 일에서도 욕을 먹지 않으려는 공직자는 자기 자신을 위해 그 직에 존재한다라고 비난받아도 할 말이 없다.

혹자는 말한다. 윈윈하는 행정을 펼쳐야 한다고 말한다. 뭘 모르고 하는 소리다. 소각장 설치, 쓰레기 매립장 설치, 핵 폐기물 처리시설 설치, 공원묘지 설치, 화장장 설치, 음식물처리장 설치 등 주민들이 꺼려하는 시설은 나열하기도 어렵다. 이렇게 설치를 싫어하는데 윈윈하는 방법이 있을까. 그 방법이 진정 있었다면 이 세상에 집단민원이란 존재하지 않을 것이다. 물론 핵폐기물처리장 설치 사례와 같이 상상을 초월하는 지원 예산을 두고 지역별 유치를 위한 투표를 벌인 적도 있기는 하다. 이를 윈윈하는 방법의 좋은 사례라고 말하는 사람들이 있다. 당시에 유치 지역에 지원하기로 한 예산은 무려 3천억 원, 지금 시점의 가치로 따지면 1조 원이 넘는다. 이와 함께 유치 지역에 한국수력원자력 본사 이전 약속도 함께 제시되었다. 꼭 해야 할 일이 그것 하나라면 모를까 앞으로도 유사한 시설을 필연적으로 추가로 설치하여야 할 터인데 그럴 때마다 유사하거나 그 이상의 조건을 제시하는 데에 들어갈 예산은 어떻게 감당하려는가. 만일 50년이 지난 후에 이와 유사한 폐기물처리 시설을 추가로 더 설치할 수밖에 없는 상황에 이르면 이번에는 무엇을 주민에게 제시할 것인가. 최소한 수조 이상의 지역발전 예산과 함께 본사 건물을 다시 그것에 이전시키겠다고 할 것인가.

현안으로 다가온 문제일수록 기본에 충실한 대책이 절실하다. 지금 당장의 문제는 해결되고 긴장이 완화된 것처럼 보일지는 모르지만 앞으로 수도 없이 전개될 공공 부문의 유사한 문제들의 비용을 기하급수적으로 증가시켜 결국은 모든 국민들의 부담으로 돌아간다는 사실을 직시하여야 한다. 당장 내 주머니에서 현금이 빠져 나가지 않은 것처럼 보이지만 할부로 사용한 신용대출처럼 조만간 감당이 어려운 지경에 이르게 될 것이기 때문이다.

청계천에
흐르는 물

• • •

공공성은 정책 시행 현장에서도 수시로 발현된다.

2003년부터 2005년까지 진행된 청계천 복원 공사 과정에서

공공성의 문제 발현 과정을 시간적 순서대로 살펴보자.

청계천은 서울의 중심부를 서에서 동으로 가로질러 흐르는 연장 22.5km의 물길이다. 집적된 생활공간으로부터 발생되는 빗물과 오수를 함께 처리하는 통로로, 빗물 통로이자 필요에 따라 생활 폐기물을 처리하는 장소였다. 또한, 극히 양은 미세하지만 상류지역의 지하수가 흘러나오는 지하수의 분출 통로이기도 하였다. 조선시대 이후로 서울이라는 생활공간의 불필요한 것들을 배출하는 의미에서의 생활 필수 시설이기도 하였다. 단순한 하천 그 이상의 의미를 지닌 곳이었다.

그러던 것이 도시 밀집화가 진행되면서 도심 공간의 불결하고 불쾌한 공간으로 인식되었고 이에 대한 해결책으로 하천 복개가 이루어졌다. 이에 더해 복개된 도로 위에 교통 소통을 위한 고가도로까지 건설되었다. 공간이 숨어버리게 되어버린 것이다. 그러나 이 세상에서 영원히 숨겨지는 것은 없는 법이다. 먼저 청계천의 숨겨진 공간을 개방하여야 한다는 논의 과정에서의 공공성이 발현된다. 공공성이 독일의 철학자 하버마스(Jurgen Habermas)가 말하는 공론장 형성이라면 청계천을 복원하여야 한다는 공론장은 2000년 청계천시민연대의 활동이 기폭제가 되어 마련된 것이라 할 수 있다. 2002년 지방자치단체장 선거는 이러한 공론장이 활성화되는 계기가 되었다. 급기야 선거 이슈 중 우선적 정책으로 청계천 복원 정책이 형성된 것이다. 공론장을 통해 다수의 의사가 반영되는 과정이 탄생한 것이다. 이 단계에서 공공성과 효율성의 문제를 잠깐 들여다보자.

당시 복원 관련한 이슈 중 첨예한 대립이 있었던 것은 복원 비용과 고가도로와 복개 도로 철거에 따른 교통 혼잡이었다. 결국 청계천 복원의 공공성을 담보할 수 있는 계량적 지표는 사업비용과 도로 축소로 인해 발생이 우려되는 교통 혼잡에 따른 사회비용의 문제였다. 즉, 공공성을 담보하는 것은 그 사업의 효율성이었다. 청계천 복원으로 인한 비용이 청계천 복원이라는 공공성의 성격을 좌우하는 지표가 되는 것이다. 당시 복원 비용은 직접 사업비용이 2천5백억 원, 사회비용은 정확한 추계가 불가했다. 하지만 도로 폭 축소는 논리적으로 당연히 교통 혼잡을 유발한다. 그러나 교통 수요는 어떻게 변할지 알지 못했다. 교통 수요 예측은 향후에 교통 이용자들의 행태의 합이기 때문이다.

따라서 사회적 비용의 문제는 효율성을 판단하는 계량적 지표가 아닌 사안을 보는 가치 판단의 문제로 비화가 되었다. 청계천 복원으로 인한 편익을 위해 일정 부분 사회적 비용을 감내 또는 수인하여야 한다는 판단과 교통 혼잡으로 인한 사회적 비용이 복원으로 인한 편익을 훨씬 초월함으로 인해서 그 사업 자체의 공공성을 훼손할 것이라는 판단으로 양분되었다. 정책의 결정 단계에서의 공론장은 형성되었으나 공공성의 선택은 결국 가치 판단의 문제로 남게 된 것이다. 벤담의 공리주의에 입각한 공공성의 실현은 충족되었으나 전 사회적 자본에 대한 선택 비율이라는 문제에 있어서는 명확한 기준점이 될 만한 것을 찾기 어려운 상황인 것이다.

이처럼 정책 결정 단계에서의 공공성 논의는 결국 가치 판단이 최종적으로 개입된다. 청계천 복원과 같은 정책의 경우에 복원은 그냥 존치되는 것보다 사회적 편익이 클 것이라는 기대와 비용 측면에서 이를 상쇄할 만한 것이 아니라는 가치 판단이 작용한 것이다. 즉, 직접 사업 비용은 도로 보수 유지 관리비가 매년 누적될 것이라는 점과 교통 혼잡으로 인한 사회적 비용은 충분히 교통 수요관리로 최소화할 수 있다는 계산이 바탕이 된 것이다. 효율성이 공공성을 충분히 보장하는 수준이라는 판단인 것이다.

그다음 과정인 사업을 집행하는 과정에서도 공공성의 논의는 지속된다. 청계천 주변 상인의 공사로 인한 수입 감소 문제와 청계천 복원으로 인하여 장사할 공간을 잃게 될 노점상 문제를 해결하는 과정에서 공공성의 논의는 개입된다. 시장 상인의 문제는 영업의 손실 범위를 어디까지 인정할 것인가와 그 손해에 대한 보전을 어느 수준까지 할 것인가를 결정하는 과정에서 공공성의 수준이 결정되는 것이다. 벤담의 입장이라면 시장 상인들의 손해는 사회 전체적 효용(행복)이 증가하므로 상당 부분의 손해는 상인들이 감수하여야 할 것이고, 롤스의 입장이라면 시장 상인에게 상당한 수준의 보상을 하여야 할 일이었다. 결국 시장 상인에게는 송파구 문정동에 '가든파이브'라는 대체 영업장소를 유상으로 공급하는 것으로, 노점상들에게는 장사할 공간을 청계 8가에 만들어 주는 것으로 공공성 논의의 수준을 정리하였다. 물론 그 결정과정에서 공론장은 활발히 전개되었고 다수의 인지와 수용이라는 공공성 결정과정도 함께 진행되었다.

세 번째의 논의는 운영의 문제에서 노정되었다. 매일 청계천 시작지점으로 보내지는 용수 처리에 연간 7억의 예산이 소요되는 문제와 완전한 복원이라는 문제 제기가 그것이다. 먼저 운영비용과 관련한 공공성 논의이다. 마찬가지로 효율성과 공공성의 문제가 발생한다. 효율성이 공공성을 뒷받침하는 기제가 된다. 극단적으로 가정하여 청계천 용수 관리와 유지관리 비용이 연간 1조 원이라고 하자. 이 경우 청계천 복원 사업의 공공성은 설 자리가 없을 것이다. 만일 유지비용이 5,000억 원이라면 어떠한가. 1,000억 원이라면, 500억 원, 100억 원, 10억 원이라면 그 사업의 공공성은 어떠한가. 비용이 감소할수록 그 사업의 공공성의 가치는 더 커지는 것으로 보일 것이다. 운영비용이 1조 원이라면 천만 명의 서울 시민 1인당의 연간 비용 부담은 10만원이다. 5천억 원이면 절반인 5만 원, 10억 원이면 100원이다. 현재 연간 유지비용은 7억 원이다. 연간 70원으로 청계천 복원의 효용을 누리는 것이다. 1년간 70원으로 청계천에 흐르는 평균 40cm 깊이의 물줄기를 감상하면서 산책할 수 있는 기회를 누리는 것이다. 어떤가. 지불할 용의가 있는가.

공공성이라는 가치적 개념이 정책 현장에서 실제로 투영되는 현장의 방식이다. 유지 관리는 물론 청계천에 흐르는 물을 공급하는 비용만이 전부는 아니지만 다른 관리 비용은 복원 사업이 없었더라도 운영되는 조직과 인력과 예산을 대체하면 되는 것이기에 비용으로 환산되지 않아도 좋을 것이다. 숨겨진 청계천 공간이 밖으로 드러나, 복개도로와 지상 고가도로가 사라진 자리에 깨끗한 물이 흐르는 말 그대로의 청계천으로 바뀌는 것이기에 오히려 관리비용은 줄어든다. 전체적으로 보면 안전에 문제를 일으킬 가능성이 농후한 시설에 대한 관리 비용이 감소된 것이다. 비용은 줄고 효용은 커지는 사업이 바로 공공성을 뒷받침하는 강력한 기제가 되고 정책을 성공시키는 요인이 되는 것이다.

마지막의 논의는 보다 본질적인 데에 있다. 청계천 복원 사업이 환경 복원 정책의 범주에 들어가는 것인가 이다. 일부에서는 환경 정책이 아닌 토목 사업이라고 치부해버리지만 이에 대한 논의는 공공성과 밀접한 관련이 있다. 공공성의 유무는 일부의 사람들이 결정하는 것이 아니고 다수의 인식이 결정하는 판단의 과정이다. 이는 통상 여론 조사에 의해 판가름 나기도 한다. 갇힌 공간을 열고 그곳에 물이 흐르도록 하는 사업이 환경적으로 올바른 방향인가에 대한 판단은 이미 다른 자치 단체로 유사한 사업들이 확산되었다는 사실로도 입증이 되었다. 이미 청계천 복원사업이 환경 복원의 성공적 사례로 해외에서 더 잘 알려진 것은 물론 국내에서도 이미 그 논쟁은 판가름 났다는 데 이의를 제기할 사람은 많지 않을 것이다. 이렇듯 환경 복원이라는 도시 관리 패러다임의 새로운 지평을 연 것이 바로 청계천 복원사업이다. 따라서 청계천 복원 사업은 환경적인 순방향으로, 획기적으로 진일보한 사업일 뿐만 아니라 공공성 확보의 전형적인 사례라고 말할 수 있는 대표적인 사업 중의 하나다.

집이 있는
무주택자

· · ·

무주택자란, 자기 소유의 주택이 없는 사람이다.
그러나 행정상의 무주택자는 자기 소유의 주택이 있을 수 있다.

1990년대 주택 경기는 지금과 현저히 다른 양상을 보이고 있었다. 1988년 서울 올림픽을 전후하여 주택 값은 자고 나면 올랐고 주택은 거주보다는 투자라는 개념으로 대부분의 사람들은 빚을 내서라도 주택, 특히 아파트를 사기 위해 혈안이었다. 수도권의 경우는 말할 나위 없이 주택 투기의 장으로 변모했고 민간이 분양하는 아파트와 재개발, 재건축 대상의 분양 아파트에 대한 청약은 100대 1, 인기 좋은 곳은 1,000대 1 이상의 경쟁률을 보이기도 하였다. 이러한 주택 수요 열기에 대응하는 공급 확대 정책의 하나로 주택조합이라는 제도가 있었다. 이는 집이 없는 세대주들이 지역이나 직장을 단위로 서로 돈을 출자하여 조합을 구성하고, 출자한 자금으로 땅을 사고, 아파트를 지을 건설사(시공사)를 선정하여 아파트를 건축한 다음 아파트를 한 채씩 나누어 갖는 제도였다.

문제는 이러한 주택조합원의 자격이었다. 집이 없는 무주택자들의 주택 마련을 돕기 위한 제도였기 때문에 당연히 무주택자일 것이 기본적으로 요구되었고 또한 세대주이어야 했다. 집이 없다는 요건을 어떻게 증명하고 확인할 것인가가 가장 핵심적인 행정처리 과정 중의 하나였다. 당시는 정보 기술이 발달하지 않아 주택 전산화도 미비한 시절이었기 때문에 세대주의 무주택 여부는 주민등록 주소지와 해당 동일 주소지의 건축물관리대장(가옥대장)상의 소유자가 일치하는지 여부로 판단할 수 밖에 없었다. 따라서 주택조합 신청이 들어오면, 조합원으로 신청한 자의 주민등록등본 상 세대주와 주소지의 가옥대장 상의 소유자를 비교하여 일치하지 않으면 무주택자로 간주하여 조합원으로 자격을 인정한 것이다.

당시의 주택조합에 대한 인기는 매우 높아 직장 단위로 무주택인 사람들이 조합을 결성하여 조합 주택을 건설하는 사례가 지속적으로 증가하고 있었다. 공무원들은 부처단위로, 회사원들은 회사 단위로 직장조합이 결성되었다. 지역단위의 지역조합도 이런 분위기에 함께 편승하여 활성화되었다. 서울시내 곳곳에 공터만 있으면 여지없이 주택 조합이 추진하는 아파트가 건설되었다. 언론계도 예외가 아니었다. 당시 모 방송사가 주축이 된 주택 조합이 평창동을 비롯하여 강남구 일대에서도 진행되고 있었다.

문제는 건물이 완공되고 입주를 위해 마지막 조합원 자격 여부를 최종 확인하는 단계에서 불거졌다. 주택 조합 결성 당시에는 주민등록 주소지에 있는 주택이 자기 소유가 아니었지만 사실상은 다른 곳에 주택을 소유하고 있던 조합원들이 아파트에 입주하는 시점에 전국의 주택전산화가 시작된 것이었다. 때문에 그들의 주택 소유 사실이 드러나게 되었다.

이에 따라 서울시에서는 이들 무자격으로 판명된 조합원들의 조합원 자격을 박탈할 것을 명령하였다. 조합원 자격 상실로 추가로 남게 된 주택이 20세대가 넘을 경우에는 일반 분양을 하여야 한다. 조합은 이러한 처분에 불복하여 행정 소송을 제기하였다. 당초 조합원 자격을 인정한 행정행위를 신의칙에 반하여 조합원 자격을 박탈한 처분은 취소하여야 한다는 것이다. 반면 서울시는 무자격 조합원들이 거짓으로 행정청을 속인 것임을 적극 항변하였다. 그러나 1, 2심은 원고인 조합의 승소였다. 원고 측의 신의성실 주장이 받아들여진 것이었다. 판결이 언론 기관의 편에 선 것이었는지도 모를 일이다. 그 당시에는 워낙 언론사와의 첨예한 신경전이 벌어졌던 터라, 더 이상 다투어도 실익이 없을 뿐 아니라 상고한다 하더라도 이길 가능성이 없다는 의견이 지배적이었다. 상고 포기로 선의의 조합원들의 불안정 상태를 조기에 해소하자는 이유도 컸다. 총 조합원 중에 무주택 조합원으로 판명된 수는 25명 선에 불과했고 나머지 대다수는 소송 계류 상태가 지속되어 입주도 하지 못하는 어정쩡한 상태가 지속되었다. 특히, 곧 입주할 것을 예상하고 기존에 살던 전셋집 계약을 해제하거나 입주 일정에 맞추어 자녀 학교 등의 문제를 처리한 선의의 조합원들에겐 실로 난감한 지경이었다. 더군다나 조합원들 중 언론인들이 상당수 있었기에 서울시는 눈치를 보지 않을 수도 없는 입장이었다.

해결 방안이 필요했다. 그래서 일단 선의의 조합원들은 건물 전체가 아닌 동호수별 임시사용승인을 해 줌으로써 당초 예상한대로 입주할 수 있도록 조치를 하였고, 무자격 조합원들은 조합에서 탈퇴할 수 있도록 하였다. 통상 임시 사용승인이나 사용 승인은 건물 전체를 대상으로 하는 것이었지만 선의를 가진 자와 악의를 가진 자를 구별해서 처리하는 방안을 채택한 것이다. 일단 민원이 대규모로 발생할 수 있는 가능성을 차단하고, 상고를 결정했다. 상고의 취지는 다음과 같았다.

"행정이 존재하는 이유는 상식적으로 생각하고 상식에 입각해서 행동하는 국민들을 보호하는 것이다. 당시에 주택 조합을 결성하여 주택을 짓고 이러한 주택을 분양 받으면 투자한 비용보다 훨씬 주택 가격이 대폭적으로 상승하여 이익이 된다는 것을 모든 국민들이 알고 있었다. 그러나 조합원이 될 수 있는 자격은 무주택자이다. 따라서 집을 이미 가지고 있었던 대다수의 유주택자들은 주택조합에 가입하고 싶었지만 본인이 유주택자임을 알고 조합원으로 되기 위해 주소 이전을 통해 자격을 만드는 편법을 이용하지 않았다. 극소수의 사람들만이 이 편법을 쓴 것이다. 이익이 될 것임을 알지만 편법이므로 이를 실행에 옮기지 않은 대다수의 편에 설 것인가, 아니면 행정상 무주택자로 편법을 강행한 소수의 편에 설 것인가의 문제다. 행정은 누구의 입장을 대변해야 하는가의 문제인 것이다."

결국 서울시의 상고는 대법원에서 받아들여져 1, 2심에서 원고인 주택조합이 승소한 판결은 파기 환송되었다. 주택 정책의 공공성은 구체적인 과정에서도 이처럼 첨예하게 갈등을 빚을 뿐 아니라 판단 과정에서 그 결과를 지배하는 이념이 되기도 한다. 공공성의 발현은 가끔은 사회적 정의라는 개념으로 치환되기도 하는 것이다. 행정이 지나치게 절차에만 매달리면 공공성 또는 행정이 추구하는 형평성의 가치를 훼손할 수도 있다.

소용없는
물가 지도

● ● ●

물가 상승으로 장바구니 물가가
천정부지로 치솟아 주부들이 불만을 토로하는 방송이 나온다.
정부는 소비자 물가를 잡는다고 소위 물가 지도 점검을 강화한다고 발표한다.

정부가 하는 일 중의 상당수는 소위 '지도 업무'라는 것이 있다. 그 중 '물가 지도'라는 업무가 있는 데, 이는 물가가 평균 이상으로 급격히 상승하면 현장 지도를 통해 품목별로 가격을 낮추도록 현지 지도하는 업무다. 이러한 업무는 관련 부처나 자치단체의 경제 관련 부서에서 수행한다. 이러한 지도 행위의 시발은 항상 언론이 제공한다. 물가는 기본적으로 수요와 공급의 시장 법칙이 작용하여 형성된다는 것은 상식이다. 자유 경쟁이라는 기본적인 질서 하에서 수요가 많으면 가격이 상승하고 공급이 많으면 가격이 하락한다. 기후의 변화 등에 따라 채소류나 과일 등은 산지 출하량이 감소하면 일시적으로 가격이 폭등하기도 한다. 당연히 부족한 공급에 따라 가격도 상승하기 마련이다. 가격이 상승할 때 가격이 하락할 수 있도록 하는 방법은 공급을 늘리거나 수요를 줄이는 방법밖에 없다.

그런데 공공 부문은 이럴 때 물가 지도로 시장에 간여한다. 장사하는 사람들에게 물건의 가격을 낮추라고 지도하는 것이다. 만일 이러한 재화들이 대체재가 없는 물건일 경우, 예를 들면 주식인 쌀이라든가 하는 경우에는 정부가 나서서 수입량을 늘리는 등의 대책을 제한적으로 실시할 수는 있겠지만, 다른 대체재가 있는 물건까지도 정부가 간여하는 것은 효과도 없는 경우가 허다하다. 오히려 시장에 불필요하게 간여함으로써 자연적으로 회복될 수 있는 시장기능을 약화시키는 결과를 초래한다. 불필요한 시장 간여, 하나마나 한 공공 부분의 일이 되어버리는 것이다.

그러나 언론에서는 생필품값 등이 잠시나마 오르기라도 하면 연일

'장바구니 물가 폭등'이라는 등의 제목을 달고 국민들의 심리적 감정을 자극한다. 방송에서는 정부가 나서서 대책을 마련해야 한다는 클로징 멘트를 빠뜨리지 않는다. 많은 수의 국민들은 정말로 국가가 나서야 한다고 믿게 되는 것이다. 그러니 정부나 지방자치단체 공무원들이 시장으로 소위 물가 지도 점검을 나갈 수밖에 없다. 국민들의 감정을 달래기 위해서라도 중점 물가관리 리스트를 작성하여 발표하고 실제 현장 지도를 나가는 것이다.

현지에서 지도를 하면 그대로 시장이 움직여질 것이라고 믿는 국민은 없다. 다만 그러한 유사한 일이 21세기 행정이나 정보기술이 기본이 되는 시대에도 이루어지고 있다는 것이 현실인 것이다. 시장 기능에 대한 불필요한 간여가 이루어지고 있는 사안들에서 지금 당장 손을 떼야 한다. 손을 떼는 것에서 더 나아가 현재 정부 부처에서 이루어지고 있는 유사한 행정 행위 또한 모두 걷어 내야 한다. 그리고 여기에 소요되었던 인력과 조직, 예산을 꼭 해야만 하는 곳으로 하루 빨리 이체하여야 한다.

결과 없는
시장 활성화

● ● ●

재래시장과 골목 상권 활성화,
정부가 나서면 가능한가?

재래시장은 서민들의 경제 활동의 장이자 삶을 영위하는 터전이며 골목 시장 및 상점 또한 그러하다. 수요와 공급 법칙이 보이지 않게 작동하는 시장은 독점이나 과점 등으로 제 기능을 하지 못하는 경우가 많다. 곧 시장 실패다. 그 영역에 공공 부문이 간여한다. 구체적 사례를 보자.

2012년 가을 서울시는 골목 상권을 살리기 위한 조치 중의 하나로 대형 마트에서 판매하는 품목 중 일부에 대해 판매 제한을 하겠다고 발표한다.[15] 서울시는 "연초부터 각 자치구로부터 의견을 받아 50개 품목을 정했다. 판매 가격의 차이가 크지 않고 소비자가 동네상권과 전통시장에서 손쉽게 구입할 수 있는 품목들이어서 별다른 소비자 불편이 없을 것"이라고 밝혔다.

대형마트 측은 일제히 "판매 품목을 제한하는 것은 곧 소비자 선택권을 박탈하는 것이며 소비자 불편만 늘리는 잘못된 규제"라고 주장했다. 더불어 "정작 규제로 반사 이득을 보는 곳은 홈쇼핑과 편의점, 규제 사각 지대에 있는 하나로마트 등이 될 것"이라는 지적의 목소리도 나왔다. 반면 중소 상인들은 환영하는 분위기였다. "서울시 같은 지방자치단체가 먼저 나서 중앙 부처에 제품 판매 제한을 제시한 것은 고무적인 일"이라며 반겼다. 서울상인연합회도 "담배, 소주, 막걸리 등은 골목상권의 주요 판매 상품"이라며 "대형마트는 공산품

---

15 2012년 9월 3일 매일경제 기사 내용이다.

이나 다른 식음료 판매에 집중하고 서민 품목은 골목상권에 양보하는 게 옳다"라고 말했다. 또 "대형마트 휴일 영업 규제가 유명무실해진 만큼 이번 방안이 확실하게 추진되길 바란다"라고도 덧붙였다. 실제 이마트 전체 매출에서 소주, 담배, 막걸리가 차지하는 비율은 각각 0.5%, 0.2%, 0.1%이며 라면이 홈플러스 전체 매출에서 차지하는 비율은 2.7%다.

소주나 라면 등 골목의 작은 가게에서도 충분히 살 수 있는 것들은 굳이 대형마트에서 판매하지 않아도 대형 기업의 이익에 큰 영향을 주지 않는다는 판단에서 나온 조치였다. 이러한 조치가 이루어진 심리적 기저는 같이 이익을 공유하자는 이타적인 발상일 수도 있다. 많이 이익을 내는 사람이 조금씩 양보하면 더 사회가 따뜻해지고 풍요롭게 될 것이라는 기대도 작용하는 듯하다. 나눔의 미학이다.

문제는 언급되었던 품목들이 대형 마트의 매출 비중이 크고 적은 데에 있는 것이 아니다. 그러한 대책이 형성되고 발표되는 데까지 이르는 사고 구조가 더 큰 문제이다. 서울시에서 그러한 정책이 형성될 수 있었던 이유는 최고 의사결정권자의 사고 구조가 당연히 반영되었을 것이다. 매출이 큰 기업이 조금 양보한다고 해서 무슨 큰 문제가 될 것인가라는 생각과, 그러한 조치들이 공공 부문에서 당연히 해야 할 일이라는 인식이 자리하고 있다는 데에 있는 것이다. 만일 라면이 생산 공급되는 시스템에서 생산자가 대형마트에만 물품을 공급한다거나 하는 공급 시장에서의 자유 경쟁시스템에 위배되는 행위나 관행이 있다면 당연히 간여해야 하겠지만, 그것이 아닌, 똑같이 공급되는데 소비자가 더 선호하는 것 뿐이다. 이런 논리라면 동네 상점들 중 라면을 사야 할 가게를 일일이 지정해 주는 것과 다를 바 없지 않은가. 김 씨네 가게에 가까이 사는 주민들은 김 씨네 가게만, 박 씨네 가게 주변에 사는 사람들은 박 씨네 가게만 이용하도록 지정 고시하는 것과 다를 바 없는 것이다.

예외적으로 서울 시내에 경쟁의 원리나 시장의 원리가 작동하지 않는 소위 공동체 마을이 있기는 하다. 그 동네는 기존 시장 시스템이 아닌 공동 구매, 공동 소비, 공동 육아, 공동 교육 시스템이 작동함은 물론 그 지역에서만 유통되는 공동 화폐까지 있기도 하다. 소위 도시 공동체다. 공동으로 출자하여 공동 생활을 하는 원시 공산사회의 꿈이 이루어지면 좋겠지만 이미 역사적으로 실패한 과거의 유산이 된 공산사회는 오늘날의 소통이라는 포장을 두른 채 서울의 도시 공간에 공존하고 있다. 이상적인 삶은 꿈속에서는 존재할지 모르나 현실과는 거리가 멀다는 것은 굳이 경험하지 않아도 알 수 있는 상식이다.

이처럼 자유 경쟁이라는 기제가 작동하지 않는 해결책은 단기적 처방에 불과하다. 단기적인 이익의 분배는 현재로써는 달콤하지만 지속적인 생산을 담보하지는 못한다. 지속적인 발전과 성장과 그에 따른 이익의 확대라는 선순환을 보장할 수 없는 것이다. 경제란, 유한한 자원을 가지고 가장 최대의 재화를 생산해 내는 것이고 이러한 동기를 부여하는 것은 심리적 만족을 수반하는 분배가 아니라 경쟁을 통한 효율성 추구에 있다는 것은 상식이다. 상식에 부합되지 아니한 경제 논리는 이상 또는 허구에 불과하다.

또 하나의 사례는 골목 상권 활성화와 맥을 같이하지만 접근 방식에 있어서 약간은 다른 재래시장 활성화 정책이다. 전국의 재래시장 수는 1,500개가 훨씬 넘는다. 옛날의 3일장이나 5일장과 같은 전통시장이 근대에 들어오면서 상설시장으로 바뀌었고 제도적인 틀로 흡수되어 도시계획시설 중의 하나인 시장(市場)으로 시·도지사가 지정·고시하는 시설로 존속하게 되었다. 남대문시장, 동대문시장, 경동시장처럼 통상 '재래시장'으로 불리는 것을 말한다. 상업기반시설이 오래되고 낡아 개수, 보수 또는 정비가 필요하거나 유통기능이 취약하여 경영 개선 및 상거래의 현대화 촉진이 필요한 장소다. 재래시장 및 상점가 육성을 위한 특별법이 전통시장 및 상점가 육성을 위한 특별법으로 변경되면서 종전의 재래시장이 전통시장으로 변경되었다.

　전통시장은 등록시장과 인정시장으로 구분되며, 전통시장은 건축법상 용도가 판매시설 중 소매시장에 해당한다. 국토의 계획 및 이용에 관한 법률상 기반시설 중 유통·공급시설의 하나다.[16] 이러한 전통 시장을 육성하기 위한 정책은 정부 수립 이후부터 지속적으로 추진되었다. 재래시장 활성화는 지금까지 시설 현대화와 환경 개선 사업 중심으로 대책이 마련되고 추진되어 왔다. 물론 유통 구조 및 서비스 현대화 사업도 함께 추진되었다. 시설 현대화는 재래시장 현대화 사업으로 요약된다. 재래시장 육성법이 만들어졌고 재래시장 리

16　네이버 지식백과의 부동산 용어사전 2011년 5월 24일자 수정본을 인용하였다.

모델링이나 재건축 사업이 추진되면 공공 부문에서는 도로나 관련 시설 설치에 소요되는 비용 일부를 지원하는 방법이다. 주변 환경 개선 사업은 부족한 주차장 확보와 화장실 개선, 그리고 그늘막 설치 등 소비자가 시장을 이용하는 데 편리한 환경을 제공하는 데에 초점이 맞추어졌다.

물론 이러한 시설 현대화나 주변 환경 개선 사업이 재래시장 활성화에 큰 기여를 하고 있는 것은 사실이지만 과연 수십 년간의 재래시장 활성화 사업이 그리 성공적이라는 평판을 듣지 못하는 이유는 어디에 있는가. 시장의 본래 기능에 대한 투자가 부족했던 것이다. 시장의 핵심은 값싸고 좋은 물건을 파느냐, 그렇지 못하느냐에 시장의 성패가 달려 있다. 아니면 그곳이 아니면 살 수 없는 유일한 또는 드문 물건이 있든가 둘 중의 하나인 것이다. 이러한 본질적 요소를 더 가치 있게 만드는 것이 재래시장 활성화의 핵심이다. 문제는 그것을 누가 할 수 있느냐다. 정부가 할 수 있을까. 아니다. 정부는 시설 현대화나 주변 환경 개선을 위한 일부분의 투자는 할 수 있지만 본질적인 문제, 즉 시장 자체의 물건 경쟁력을 향상시킬 수는 없다. 정부가 값싸고 좋은 물건들을 예산으로 싸게 구매해서 대신 팔아주기 전까지는 정부가 경쟁력 향상을 시킬 수는 없는 것이다.

그것은 오직 시장에서 활동하는 상인들의 몫이다. 시장의 상인들이 더 경쟁력 있게 사업 활동을 하는 사람들에 의해 그 시장의 경쟁력이 생기는 것이다. 어떤 물건이든 그렇다. 재래시장을 지금보다 현저하게 활성화시킬 수 있다고 주장하는 정치인이나 공무원들이 있다면 그들은 시장 상인들에 솔직하지 못한 것이다.

 이제 공공 부분이 더 솔직해져야 한다. 할 수 없는 일은 할 수 없다고 분명히 국민들에게 말해야 한다. 재래시장은 그 자체로 경쟁력이 있어야 그것이 활성화다. 대형슈퍼마켓과 같은 유사한 형태의 시설로 바꾸는 것이 아니다. 재래시장은 재래시장다워야 경쟁력이 있다.

 해도 효과가 없는 일은 하루라도 빨리 하던 일을 멈추고 본래의 기능에 맞는 방향인지 원점에서 다시 검토해야 한다. 재래시장이 활성화가 안 된다면 그 이유는 왜 소비자가 예전보다 찾지 않는가에 답이 있는 것이다. 대형슈퍼마켓이 소비자가 더 찾는 곳이라고 해서 재래시장을 모두 대형슈퍼마켓으로 만들 수는 없다. 그렇다고 대형슈퍼마켓으로 손님이 몰린다고 그 손님들을 못 가게 하는 것은 더더욱 말이 안 된다. 시대가 변하면 사람도 변하고 사람들의 생각도 변하고 전통도 변한다. 변하기 때문에 살아있는 것이다. 옛날과 동일한 것은 생명이 없는 것들이 유일하다. 죽은 것만이 변하지 않는 것이다. 사람들의 행동이나 생각도 변한다. 살아있기 때문이다. 살아있기 때문에 변하는 것이고, 변하는 것에 맞추어 정책도 변해야 하는 것이다. 그것이 살아있는 정책이다. 아쉽게도 재래시장 활성화 정책은 30년 전이나 오늘이나 변함이 없다. 죽어있는 정책을 지금도 살려보려고 붙들고 있는 형국이다. 이제 정책에서도 솔직해져야 한다. 그래야 국민이 정부를 믿을 수 있다. 할 수 없는 것은 할 수 없다고 고백하여야 한다. 그리고 과감하게 손을 떼어야 한다.

가난한
부자

• • •

복지 정책을 확대하면
공공성은 당연히 확보될 것이라고 생각하는 경향이 있다.
그러나 실제는 아니다.

복지는 단순히 나누어 주는 것이 아닌, 국민의 삶의 질을 높이는 것이다. 삶의 질을 높이는 방법은 국가라는 틀이 형성된 이후로 가장 첨예하게 대립되어온 정치적 과정이었다. 국가시스템이 어떻게 형성되었느냐에 따라 복지의 주안점은 달라진다. 그래서 사회주의적 관점은 평등에, 민주주의적 관점은 자유에 있다. 전자는 복지를 사회적 책임으로, 후자는 개인적 책임을 우선한다.

삶의 질에 대한 1차적 책임이 어디에 있느냐에 따라 복지의 방향이 결정된다. 우리나라는 자유민주주의 국가다. 따라서 개인의 자유의지에 기초한 행위가 1차적으로 존중되는 나라임을 선택한 것이다. 복지정책에 있어서도 개인의 책임을 우선시하는 것이다. 자유민주주의는 기회의 균등을 중요시한다. 개인의 창의와 노력을 기울여 본인의 삶의 질을 향상시킬 수 있도록 기회를 균등하고 공평하게 제공하는 것이다. 개인의 능력 차이를 인정한다. 개인의 능력이 현저히 보통 수준을 따르지 못할 경우에만 예외적으로 개입한다.

우선 복지의 개념부터 재정리하여야 한다. 복지는 복지 그 자체로서 완성된 개념이다. 거기에 보편적, 선택적이라는 수식어가 붙는 것은 복지의 진정한 의미를 가리는 베일과 같다. 개개인의 삶의 질인 복지의 개념에 선택적이라거나 보편적이라거나 하는 수식어가 붙는가. 다만 삶의 질을 추구하는 방법이 다른 것이다. 삶의 질을 추구하는 구체적 방법에 있어서 공공성의 의미가 개입된다. 즉, 분배적 방법인가 균등한 기회 제공인가를 선택하는 문제인 것이다.

국가가 모든 국민의 삶의 질을 전적으로 책임질 수 있다고 보는 견해는 사회주의적 시스템의 중요성을 강조한다. 국가라는 시스템이 사회적 자본에 대한 분배를 개개인의 삶의 질을 높이는 방향으로 할 수 있다고 믿는 것이다. 국가가 실제 그렇게 할 수 있는 능력이 있는 지는 별개의 문제다. 반면, 자유주의적 시각은 개인의 능력에 따른 삶의 질의 향상이 우선 되어야 함을 강조한다. 이는 시장이라는 눈에 보이지 않는 경쟁의 구도를 전제로 한다. 시장 속에서 개인의 능력이 발휘되고 이에 따른 결과물로 보상받는 시스템인 것이다. 복지, 즉 개인의 삶의 질의 수준은 개개인의 능력과 노력의 결과 여하에 따라 달라진다고 믿는다. 경쟁이라는 요소를 강조하는 것이다. 경쟁은 결과물의 총량을 확대시켜 총량적인 삶의 질 향상의 자원이 된다.

실제 복지 정책을 들여다보자. 무상 급식의 경우, 2010년경부터 첨예한 정치적, 사회적 이슈로 전개되었고 아직도 그 논의는 진행 중이다. 무상 급식을 찬성하는 사람은 모든 학생들에게 밥을 먹이는 문제이므로 필요하다고 주장한다. 이렇게 주장하는 사람들은 우리 사회가 그 정도는 감당할만 하다는 인식이 자리하고 있다. 이와 반대로 선별적인 급식을 주장하는 사람들은 끼니해결 능력이 되지 않는 경우에만 필요 최소한으로 적용하자고 주장한다. 무상이냐 유상이냐의 선택은 필연적으로 양 극단 중 하나를 선택할 것을 가정한다. 소득 수준과 관계없는 선택이 강요되면 부자도 혜택을 보는 가난한 부자가 발생하게 될 수도 있다. 그러나 양 극단이 아닌 무상 급식의 범위를 어떻게 할 것인가라는 관점에서 보면 무상 급식의 범위는 0%에서 100%까지 무수한 선택지가 있을 수 있다. 여러분은 과연 몇 %

수준이 적정하다고 생각하는가? 사람마다 동의하는 수준이 다를 것이다. 만일 6단계로 무상 급식 수준을 나누어 보자. 무상 급식 0%, 20% 수준, 40% 수준, 60% 수준, 80% 수준, 전원 100%로 나누면 훨씬 선택이 쉬워진다. 극단적인 선택은 사실상 선택하기가 어려울 뿐만 아니라 편 가르기를 강요하는 심리적 강제를 수반한다고 볼 수 있기 때문이다. 다수의 선택지를 부여하고 이에 대한 다수의 선택이 공공성의 수준을 결정하는 것이다. 물론 공론장이 다른 특정한 세력으로부터 영향을 받지 않는다는 것을 전제한다면 그렇다.

다른 하나의 사례를 더 들어보자. 복지의 재원은 국민들이 낸 세금이다. 세금은 많이 버는 사람이 많이 내는 구조로 되어 있다. 전향적으로 복지 문제도 세입과 세출 구조의 연계를 생각해 볼 수 있을 것이다. 이를 위해 두 가지 조건이 충족되어야 한다. 첫째는 세금을 내는 범위가 지금보다 훨씬 더 확대되어야 한다. 우리나라는 경제활동 인구 중 60%정도만 소득세를 낸다. 따라서 의무라는 인식이 세금을 내는 사람에게만 집중되고 있는 것이다. 국민의 일부만 해당되는 의무가 국가 구성원으로서의 국민의 의무라고 하기에는 좀 어렵다고 할 수 있다. 납세가 병역의무처럼 진정한 국민의 4대 의무라고 말할 수 있으려면 많든 적든 국민이 함께 부담하는 범위를 더 넓혀야 하는 것이다. 적게 내더라도 국가라는 공동체의 일원으로서의 의무를 다 할 수 있는 기회를 주는 것이 상식에도 부합할 것이다. 따라서 지금의 면세점은 오히려 대폭 하향 조정하여야 한다. 스웨덴의 경우 국민의 95%가 적든 많든 세금을 낸다. 가능한 면세점의 범위를 축소하는 것이 사회보장을 확대하는 출발점이 되는 것이다.

두 번째는 세금을 부담하는 국민의 범위를 확대하는 것을 전제로 세금과 사회보장을 연계하는 방안이다. 국민 보험과 세제를 연계하는 것이다. 예를 들면, 우선 국민 모두에게 최소 연금 수준을 보장한다. 최저 연금 수준을 기준으로 세금을 더 많이 내는 사람이 더 많은 연금을 받도록 설계하는 것이다. 예를 들어, 65세부터 국민 연금을 수급 받는다고 하면 65세까지 어떤 소득이든 신고하여 일정 부분의 세금을 납부하면 국민 연금 수급을 더 받을 수 있도록 하는 것이다. 더 열심히 세금을 내도록 장려하는 인센티브 방식을 도입하는 것이다. 세금을 더 많이 납부할수록 노후에 더 많은 연금을 받을 수 있다면 세금 징수로 인한 마찰이나 소득을 감추려는 욕망을 가능한 줄일 수 있을 것이다.

현재의 시스템처럼 세금을 많이 내면 손해라는 생각이 지배하는 한, 복지 재원 마련을 위한 영원한 갈등은 종식될 수 없을 것이다. 국가가 국민들로부터 더 많은 세금을 거두어 더 많은 국민에게 복지를 제공할 수 있다는 기본적인 전제를 역으로 바꾸는 것이다. 복지 문제의 대부분을 개인의 능력과 더 벌고자 하는 욕구에 맡기는 것이다. 그렇게 국민들이 행동할 수 있도록 시스템을 만드는 것이다.

이를 위해 복지는 국가만이 할 수 있다는 생각을 버려야 한다. 국가는 그런 시스템으로 경쟁할 수 없는 극소수의 사람들에게, 기회균등에서도 능력을 발휘하기에 여러 가지 장애 요인을 갖고 있는 사람들을 위한 사회부조에 신경을 쓰고 주력하여야 한다. 모든 국민의 복지를 국가가 모두 책임질 수 있다는 생각은 환상이다.

경쟁체제
물 흐리기

• • •

자연스러운 경쟁의 틀에 공공 부문이
불필요하게 간여하고 있는 일은 없는지
지금 하고 있는 일들을 되돌아볼 일이다.

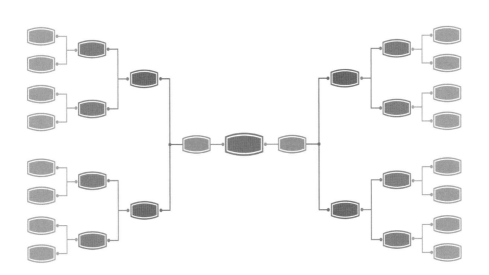

사회발전의 원동력은 창조적 파괴에 있다. 과거부터 내려오던 전통적 방식의 고수가 아니다. 예전부터 행하여져 오던 방식과 다른 방식으로의 변화가 바로 사회 발전을 가져오는 동인인 것이다. 새로운 창조 활동은 기존 사회 시스템에 충격을 준다. 따라서 기존 시스템은 이를 자연스럽게 받아들이지 않는 경향을 갖는다. 가능한 과거나 현재의 방식을 고수하려는 방향으로 현재의 구성원들은 자동 반응하는 것이다. 이러한 경향의 힘이 바로 규제의 근원이 된다. 새로운 형태의 생산 방식이나 시스템은 기존의 질서나 권력을 뒤흔드는 동력이기 때문이다. 이러한 사례는 과거의 역사에서도 살펴볼 수 있다.

서기 14년에서 37년까지에 이르는 로마의 티베리우스(Tiberius Caesar Augustus) 황제 시대에 한 발명가가 진흙으로 깨지지 않는 유리를 만드는 제조 기술을 만들었다. 기존의 방식은 만든 유리가 쉽게 깨져서 수시로 유리로 만든 집기들을 구매해야 했고 관리 또한 매우 불편했던 터였다. 발명가는 티베리우스 황제를 찾아가 자기 자신이 발명한 기술을 설명하고 내심 포상을 기대하였으나 티베리우스는 그 사내를 죽이라고 명령한다. 새로운 기술이 기존 시스템에 끼칠 영향을 두려워했던 것이다. 깨지지 않는 유리가 제조되면 누구든 쉽게 그 유리를 구매할 것이고 당시 모든 기술을 로마제국이 통제하던 시대에 큰 혼란이 생길 것이 두려웠던 것이다. 창조적 파괴가 가져올 기존 질서에의 영향을 두려워한 것이다.

기원전 69년부터 79년까지 재위하였던 수에토니우스(Gaius

Suetonius Tranquillus) 황제 시대의 이야기 또한 유사하다. 한 사내가 돌기둥을 쉽게 운반할 수 있는 기술을 발명한다. 당시 로마는 언덕에 신전 등을 쌓기 위해서 채석장에서 다듬어진 기둥을 수천 명의 노동력으로 언덕에까지 운반하는 방식을 사용하였다. 이를 좀 더 쉽게 운반할 수 있는 기술을 개발한 사내는 당시 황제인 수에토니우스를 찾아간다. 그러나 황제는 그 제안을 단호히 거절한다. 새로운 기술이 적용되면 그동안 동원되었던 수천 명의 노동력이 필요 없게 되므로 그들이 먹고 살 수 있는 터전이 없어진다는 이유였다. 그러나 실은 노동력의 감소로 인한 정치적 불안을 우려한 때문이었다. 기존 질서가 새로운 기술로 위협을 받아 정치적 불안으로 작용할 것이라는 우려가 창조적 기술을 거부한 것이다.

또 하나의 사례는 1589년 영국의 경우다. 당시 캠브리지대학에 재학 중이던 윌리엄 리(William Lee)는 사제 서품을 받기 위해 고향 집으로 돌아온다. 당시 영국은 엘리자베스 1세 왕이 통치하던 시대였고 바로 직전에 여왕은 모든 국민들이 뜨개질로 짠 모자를 착용할 것을 칙령으로 공포하였다. 이에 따라 모든 여인들은 많은 시간을 들여 가족들이 착용할 모자를 짜기 위해 밤낮으로 수고를 하지 않으면 안 되었다. 윌리엄의 어머니와 누이들도 마찬가지였다. 이 모습을 본 윌리엄은 여러 개의 바늘을 동시에 사용하여 직물을 짤 수 있는 기계를 착상한다. 즉 산업 혁명의 기틀이 되었던 편집기계의 발명에 이르게 된 것이다. 그는 이 기기를 엘리자베스 1세에게 보여주고 특허를 청원하였다. 그러나 그 청원은 거절당하고 만다. 편집기계로 인하여 많은 수의 국민들이 할 일이 없어진다는 이유였다. 대량 실업을 우려한 것이라고 했지만 실은 이로 인한 정치적 불안으로 왕권에 위협요인으로 작용할 것을 두려워하였던 것이다.

이처럼 새로운 기술은 기존의 질서를 흔드는 기제로 작동하고 기존의 경제 질서에 변화를 가져오게 한다. 아울러 이로 인한 정치적 질서에도 영향을 미친다. 기득권에 영향을 주는 것이다. 물론 창조적 활동은 경쟁을 통한 인센티브에 있다. 경쟁이라는 요소가 작동하지 않고 새로운 기술이 새로운 가치나 부를 가져오지 않는다면 창조적 파괴 활동은 일어나지 않는다. 창조적 파괴는 기존의 권리나 질서에 영향을 주기 때문에 기존의 질서 위에서 이득을 누려오던 세력에게는 그리 반가운 일이 아니다. 새로운 기술이든 서비스든 경쟁으로 인한 승자와 패자 간의 확실한 차별적 대우가 형성되어 있을 때에만 활발히 이루어진다.

문제는 이러한 경쟁과 인센티브는 기존의 공직사회의 질서와는 잘 맞지 않는 속성이라는 데에 있다. 공공 부문의 태생은 시장 기능의 실패 때문에 존재한다고 해도 과언이 아니다. 시장 실패에 대한 간여가 공공 부문의 존재의 이유였던 것이다. 이러한 인식이 공공 부문 전체에 널리 퍼져 있는 상황에서 기업 활동이 정상적으로 보일 리가 만무하기 때문이다. 공공이 간여를 하여야만 시장 기능이 제대로 작동할 수 있으며 시장 실패에서 오는 부작용을 막을 수 있다는 확신을 많은 공공 부문 종사자들이 갖고 있는 것으로 보인다. 간여에 따라 당연히 규제도 늘어난다. 공공의 민간 기업에의 간여는 지원과 육성이라는 이름으로 진행된다. 수많은 경제 관련 지원법이나 육성법의 내용을 들여다보라. 태반의 규정이 지원과 육성을 위한 보고와 심사와 평가와 지원 또는 감독으로 점철되어 있을 것이다. 자연스러운 경쟁의 틀에 공공이 간여하고 있는 것이다. 물론 여기에 해당되는 일부 기업의 경우에는 단기적 이익을 볼 수는 있을 것이지만 장기적으로 보면 기업의 창조적 파괴 활동을 저해하는 요소로 작용하는 경우가 많다.

공공의 간여는 자유로운 시장 질서를 오히려 파괴한다. 공공의 지원이나 육성이 있어야만 존속할 수 있는 기업이라는 의미는 모든 국민들이 납부한 세금으로 연명하는 기업이라는 의미가 된다. 그런 기업이 존속되는 것이 바람직한가라는 판단은 이미 승부가 난 것이 아닌가. 경제규제를 찾아내어 그 규제를 혁파하려면 기존의 지원 또는 육성법을 들추어내서 이를 과감히 손질하는 것부터 시작하여야 한다. 이것으로만 끝나는 것이 아니고 지원, 육성에 투자되고 있는 인력, 예산, 조직도 함께 조정하여야만 가능한 것이다.

가장 작은 의미의 정부는 대통령을 수반으로 하는 행정부다. 정부 조직법에 의한 행정부로서 17부 2원 5처로 구성된 중앙 정부와 지방자치법에 의한 16개 시ㆍ도, 240개 시ㆍ군ㆍ구로 구성된 지방 정부로 나뉜다. 넓은 의미로의 정부는 행정부는 물론 입법부, 사법부와 함께 공공 기관을 포함하며 공적인 업무를 담당하는 개인 및 단체로까지 확장된다. 여기서는 행정부, 입법부, 사법부와 공공 기관에 한정하여 살펴보고자 한다.

　정부의 효율성을 말할 때 답은 작은 정부다. 작은 정부의 핵심은 무조건적인 조직의 축소가 아닌, 하는 일을 줄이는 것이다. 공적 간여의 영역을 대폭 축소하는 것이다. 해서는 안 될 일이나 하나마나 한 일을 줄이는 것이다.

　모든 공무원들에게 현재 자기가 하고 있는 일이 꼭 해야만 하는 일이고 10년 후에도 지속될 것인가를 묻는다면 대부분의 응답자들은 '그렇다'라고 답할 것이다. 그러나 실무자들은 자기가 현재 하고 있는 일이 공공 부문에서 꼭 해야 할 일인가라는 성찰을 할 기회가 있을지는 미지수다.

　지금부터는 넓은 의미의 정부인 행정부, 입법부, 사법부에서 이루어지고 있는 일부 사례와 함께 정부개혁의 방향을 제시해보고자 한다. 그리고 '왜 작은 정부이어야 하는지'에 대한 판단은 독자들의 몫이다.

6편

작은 정부가
답이다

부서
협업

· · ·

M빌딩 총무부장은 2년째 본 건물의 친환경 건물인증을 받기 위해
중앙 정부와 협의하고 있다. 2년이 지난 지금
그가 협의해야 할 중앙 부서는 국토부에서 환경부로 바뀐 상태다.

서울의 중심부 한복판에는 보기에도 미려하고 특이한 고층 건물이 들어서고 있다. 곧 다음 달이면 완공을 앞둔 국내 유수 기업의 본사 건물 M빌딩이다. 그런데 요즘 M빌딩을 관리하는 책무를 맡고 있는 K부장은 고민이 이만저만이 아니다. 그동안 친환경 건물 인증을 받기 위해 부지런히 설명을 하러 다녔던 주무부처가 해가 바뀌었기 때문이다. 새로운 정부 출범으로 정부 조직 개편이 있었던 이유 때문도 아니다. 해당 부처가 동일한 업무를 동시에 3개 부처가 해오다가 갈등이 생기자 그 업무를 1년씩 번갈아 맡기로 한 까닭이다. 친환경 건물 인증제라는 업무다. 비단 이런 유형의 부처 간 갈등이 이 업무 뿐은 아닐 것이지만 그 해결책이 너무도 독특하여 사례로 언급하고자 하는 것이다.

친환경 건물이란, 궁극적으로 탄소 에너지를 덜 소비하는 건축물로 에너지 사용을 최소화하여 사용할 수 있도록 설계하여 건축한 건축물을 말한다. 이 업무는 기본적으로 3개의 부처가 밀접한 업무 연관성을 가지고 있다. 우선 국토교통부는 건축물 건축과 관련된 총괄적인 관리 또는 승인 업무와 건축물자재의 관리업무를 가지고 있다. 산업자원부는 건축물 자재와 관련된 표준화 업무와 에너지 절감 업무를 맡고 있다. 마지막으로 환경부는 에너지 사용을 줄여 탄소 사용량을 줄이는 기후환경관련 업무를 총괄하는 업무를 갖는다.

그렇다면 친환경 건물과 관련된 업무를 누가 담당하여야 할까? 이는 수수께끼같다. 건물에 초점이 맞추어지면 국토교통부 업무요, 에너지에 관심을 두면 산업자원부가, 온실가스 감축과 관련되면 환경부 업무다. 이러한 업무 영역 간의 다툼은 비단 업무 조정으로만 문제가 귀결되는 것은 아니다. 정상적인 결론이라면 어느 한 부처에서 그 일을 전담하고 전담하게 되는 부처가 아닌 부처의 인력과 예산과 조직은 없어지거나 전담하게 되는 부처로 이체되는 것이 맞다. 하지만 현실은 그렇지 않다. 어느 부처로 전속하도록 결론이 나는 경우도 거의 없지만 결론이 난다 하더라도 기존의 업무 처리 관련 인원, 예산, 조직은 결코 줄지 않는다. 이 고민에는 불가사의한 해법이 나왔다. 실제로 친환경 건물 인증 업무는 3개 부처가 1년씩 돌아가면서 맡는 것으로 정리되었다. 그들에게는 이것이 신의 한 수라고 생각했을지도 모른다. 지금도 그렇게 윤번제로 그 업무를 처리하고 있는지 확인은 하지 못하였지만 한 곳으로 업무처리가 일원화되었다는 소식 또한 듣지 못했다. 한 곳으로 일원화하지 않고 돌아가면서 하는 업무 처리 방식은 부서 간 협업 대체의 최선일지 다시 한번 생각해본다.

기관
축소

●　●　●

자동차 하나를 두고 양 부처가 기 싸움을 하고 있다.
그러나 실제 그 일은 기술을 가진 자동차 검사장에서 이루어지고 있다.
이를 관리·감독할 부처가 두 개여야 할 하등의 이유는 없다.

자동차 안전을 위한 검사제도가 있다. 모든 차량은 주기가 되면 일정 기간 내에 자동차검사소나 인증 받은 검사기관에서 검사료를 지불하고 자동차 정기검사를 받아야 한다. 자동차 안전을 위한 조치다. 자동차검사는 만일 그 목적을 제대로 수행을 하려면 정기검사를 받았기 때문에 자동차 안전에 더 기여를 하여야 제대로 된 자동차 검사라는 제도적 기능을 하는 것일 터이다. 전 차량의 85%를 차지하고 있는 자가용 승용차인 경우 주변에 항상 접근할 수 있는 정비소나 소위 카센터가 무수히 많고 실제 정기적으로 그곳을 방문하여 소모품을 교환하거나 안전관련 점검을 받고 수리를 한다. 국가기관의 안전관련 인증 행위인 자동차 검사필증의 존재는 그 인증을 받으면 안전하다는 증명이다.

그런데 이제 검사필증은 실제 기능보다는 의례적인 하나의 불필요한 행정 절차라고 느끼는 사람들이 더 많다. 승용차에 대한 자동차 검사라는 존재의 이유가 흐려진 것이다. 자동차 검사의 이유가 분명해지지 않은 것이다. 하나마나 한 것이라는 생각들이 많은 사람들의 생각을 지배하고 있다. 실제 그러하기도 하다. 존재의 이유가 흐려져 유명무실해진 공적 간여가 지속된다는 것이 오히려 더 이상할 수 있다.

그러나 현실은 어떤가. 그것을 없앤다면 자동차 검사기관이라는 조직이 없어져야 한다. 민간 부분이 발달하지 않았을 당시에 만들어진 제도가 상황이 대폭 달라졌음에도 불구하고 존속하고 있는 것이다. 불필요한 정부 간여, 즉 규제 완화가 필요한 부분인 것이다.

대중이 이용하는 시내버스나, 마을버스, 고속도로를 운행하는 노선버스나 관광 등 고객 수송용 버스, 또는 불특정 다수인들이 사용하는 임차 차량, 그리고 좀 더 전문적인 검사가 필요한 화물 또는 특수 차량에 한정하여 자동차 안전검사를 실질적으로 강화하고 승용차의 경우에는 승용차 소유자의 책임으로 전환하는 것이 오히려 바람직하다. 그러나 이러한 변화는 매우 어렵다. 공직사회와 그 관련조직의 이해관계와 그 업무 존속이 매우 크고 심대한 연관성을 갖고 있기 때문이다. 승용차의 업무가 존속되어야 전국에 수십 개에 달하는 자동차 검사기관이 존속할 수 있다. 그 기관 운영의 수입의 대부분을 차지하고 있기 때문이다. 이를 감독하는 국토교통부와 환경부의 조직에도 영향을 미친다. 자동차 정기검사와 정밀검사 업무가 동일 차량에 대한 행정 처리임에도 이것이 통합되어 국민들에게 고지될 수 있도록 고쳐지는 데에도 수년이 걸렸다는 경험을 생각하면 자동차 검사 업무의 대폭 축소는 아직 갈 길이 멀기만 하다.

유연한
직업 분류

●   ●   ●

충남 논산의 한 면 소재지에 있는 천적을 활용한 친환경 농약 제조업체.
그 업체가 천적인 애벌레를 기르는 제조 공장 건물은
일반 건물이 아닌 축사로 건축해야 한다. 왜 그럴까?

정부가 민간 특히 기업에 미치는 영향력은 복합적으로 작용한다. 전혀 예측하지 않은 곳에서 실질적인 영향력을 발휘하는 것이다. 그 구체적 사례를 보자.

요즈음은 제철을 가리지 않고 계절과일을 맛볼 수 있는 이유는 비닐하우스 재배 기법 덕분이다. 한 겨울에도 토마토나 파프리카 참외에 이르기까지 모든 과일은 비닐하우스에서 적당한 온도를 유지케 함으로써 재배가 가능한 것이다. 그러나 문제는 각종 과일에 해를 입히는 벌레, 즉 진드기는 과일이 익기 전에 갉아 먹어 과일의 질을 저하시키는 커다란 걸림돌이 된다. 그렇다고 진드기를 구제하기 위한 농약을 사용하면 친환경 농산물로써의 고품질 가격을 보장할 수 없다.

이러한 문제를 해결하기 위해 개발된 친환경 방법이 바로 진드기의 천적을 활용한 방식이다. 이 기법은 벨기에 등 베네룩스 3국에서 최초로 개발되어 전 세계에 널리 퍼지게 되었고 우리나라에도 친환경 농산물 수요 급증의 붐을 타고 S기업이 최초로 도입하였다. S기업은 충남 논산이 상대적으로 토지 가격이 저렴하고 교통상으로도 대한민국의 중앙에 위치하고 있어서 이곳에 새로운 형태의 신생 기업을 창업하였다. 천적을 활용한 (애벌레 상태의) 친환경 농약을 비닐하우스 안에서 재배하는 토마토나 파프리카 등의 각종 과일이나 채소에 뿌려두면 진드기를 무당벌레와 같은 천적의 애벌레가 부화하면서 잡아먹음으로써 화학 살충제를 사용하는 것과 동일한 효과를 거두는 것이다. 이러한 친환경 농약에 대한 수요가 점차 증가하자 S기업은 천적을 기르는 장소를 추가로 확장하기로 하였다.

그런데 천적인 애벌레를 기르는(생산하는) 장소를 추가로 건축하는 데에 문제가 발생했다. 새로운 장소를 만드는 행위, 즉 건축물의 용도가 문제가 된 것이다. 군청은 새로운 장소를 만드는 행위를 축사 신축으로 보고 이에 대한 규제에 들어갔다. 통계청에서는 천적을 기르는 행위를 축산업으로 분류했고 축산업을 위한 건축물은 당연히 건축법상 축사 증축이 되는 것이었다.

하지만 일반 건축물과 달리 축사는 건축행위에 여러 제약이 뒤따른다. 축사를 지을 수 있는 용도 지역도 제한되어 있을뿐더러 각종 오·폐수 처리 시설 등을 추가로 갖추어야 하기 때문에 상당한 건축 비용도 수반된다. 더군다나 축사 용도는 그 기업의 부지에는 지을 수 없는 용도라서 축사로 분류되면 사실상 설비확장은 불가한 터였다. 통계청은 천적을 활용한 친환경 농약을 만드는 제조행위로 본 것이 아니라 애벌레를 기르는 일종의 가축을 키우는 행위로 보아 축산업으로 분류한 터였다. 건축법은 용도 규제를 통계청의 직업 분류에 따를 수밖에 없을 일이었다.

당연히 중소기업을 지원하는 중소기업청도 통계청 분류에 따라 친환경 농약 제조 행위를 제조업으로 분류할 수 없을 것이고, 이에 따라 중소기업 육성법에 의한 자금 지원 또는 각종 지원 대상에도 누락되었다. 축산 분야의 중소기업과 제조 분야의 중소기업은 그 범위와 지원 대상이 다를 수밖에 없었던 것이다. S기업은 친환경 농약인 천적을 길러서 농약 형태로 만드는 행위를 제조업으로 분류해 줄 것을 희망하였다. 당연히 기업의 입장에서는 제조업으로 분류되기를 바라고 또한 수십 명의 연구원들이 농작물 별로 해를 입히는 진드기 종류에 따라 그에 알맞은 천적을 연구하고 이를 애벌레 상태로 만드는 차원에서의 연구 · 제조 분야임을 주장한 것이다.

그러나 통계청의 입장은 기업의 답답함을 해소할 만큼 그 일이 절실한 것도 자기들이 주도할 일도 아닌 듯 했다. 그 부처의 입장에서는 통계법에 따라 5년 주기로 직업 분류를 재조정하면 될 일이었다. "한국표준산업분류"로 통계청장이 고시하는 것이다. 더군다나 산업분류는 국제적인 통일성을 위해 UN의 분류 기준을 따르는 것이어서 재량이 없다는 설명도 덧붙였다. 공무원 입장에서 보면 지극히 당연한 반응일 수도 있었다. 통계를 위한 직업분류를 원용한 건축법을 관할하는 국토부나 중소기업지원 업무를 담당하는 기획재정부나 중소기업청이 처리해야 할 일이었다. 목마른 사람이 샘을 판다는 속담처럼 통계청이 나서서 할 일은 더더욱 아니라는 입장이었다.

사실 행정 업무라는 것이 한 부서에서 완결되어 처리될 일이 어디 하나라도 있겠는가. 답답하고 필요한 사람이 관련 부처로 이리저리 돌아다니면서 해결해오던 관행은 아직도 일부는 진행형이다. 말로만 복합민원처리라고 이야기하고 정부 3.0을 부르짖지만 현장은 어디 바라는 대로 이루어지겠는가. 이처럼 이중 삼중으로 얽혀있는 실타래는 실제 그 일을 담당하는 사람들이 문제의식을 가지고 풀지 않으면 국민 입장에서는 공염불에 불과하다. S사장의 이야기를 들은 통계청의 누군가가 문제의식을 가지고 중소기업청과 국토교통부의 실무자간 협의를 빠른 시일 내에 진행하여 결과물인 해법을 찾아내는 과정이 필요하지만 누구도 이러한 과정을 밟지 않았다. 정확히 표현하면 먼저 나서서 처리해야 한다는 필요성조차도 느끼지 못했다고 말하는 것이 더 정확할 것이다.

전문화의 오류다. 부처가 세분화되거나 전문화될수록 정말로 국민들이 필요로 하는 일은 뒷전으로 밀릴 가능성이 농후하다. 기능의 세분화만큼 국민들은 불편해지는 것일 수도 있다. 통계를 전문으로 하는 통계청이 통계에 의한 직업 분류로 국민들이 기업하는 데 걸림돌이 될 수 있다는 생각은 해본 적이 있을까.

중앙 부처
재정리

• • •

새로운 조직을 만들면 문제가 해결이 될까.
기존에 유사한 업무를 하는 조직을 완전히 흡수하지 않는다면
오히려 새로운 분쟁의 태동일 수도 있다.

대형 안전사고가 발생한다. 국민들의 안전에 대한 여론이 들끓는다. 정부는 조속한 대책을 내어놓아야 한다. 통상적으로 발표되는 대책 중의 하나는 안전을 전담하는 부서를 설치하는 것이다. 당장 보여줄 것이 없기 때문이다. 무엇인가 눈에 보이는 실체를 국민에게 신속하게 보여주어야 하기 때문이다.

실제로 필요한 안전과 관련된 기존 조직이 하고 있는 일에 대한 질적인 분석은 뒷전이다. 그건 당장 중요하지 않다. 실체가 없기 때문이다. 당장 눈에 보이는 결과를 국민에게 드러내 보여주어야 하기 때문이다. 새로운 조직은 물론 기존 조직에서도 옛날과 유사한 업무가 그대로 진행이 된다. 이것도 저것도 아닌 어정쩡한 상태로 진행이 된다. 전염병이 유행한다. 많은 국민들의 건강과 보건에 대한 관심이 폭증한다. 무엇인가 눈에 보이는 대책이 또 필요하다. 국민보건과 관련한 전담부서 설치가 논의된다. 마치 조직을 만들면 문제가 해결될 것 같은 착각에 빠진다. 그래서 또 정부 조직은 늘어난다. 매년 평균 1만 5천 명 이상의 공무원 수가 증가하는 근본적인 이유다.

통상 사회적 이슈를 일으키는 안전사고나 전염병 유행 등의 사건이 발생하면 그 해법은 세 가지 유형으로 나타난다. 첫째는 새로운 전담 조직을 설치하는 것이다. 새로운 부처를 만들거나 새로운 실, 국 단위의 조직을 창설한다. 세월호 사태 이후의 국민안전처 신설, 메르스 사태 이후의 보건부 신설 논의 등이 그것이다. 두 번째 방법은 기존 담당 부서의 인력이나 조직 확대와 함께 직급을 상향조정하는 것이다. 세월호 이후의 소방방재청이 하던 업무가 안전처로 옮겨

가면서 장관급으로 격상되었고, 메르스 사태 이후에는 질병관리본부를 현재 1급에서 차관급으로 격상시키고자 하는 움직임이 있는 것 등이 이에 해당된다. 세 번째는 단순히 인력과 조직과 예산이 확대되는 방식이다. 대부분의 대책에는 이 세 번째 유형은 반드시 포함되어 있다. 이러한 해법들의 공통점은 공공 부분 전체로 보면 그 인력과 조직과 예산이 확대되는 결과를 초래한다는 데에 근원적인 문제가 있다. 공공 부문이 지속적으로 확대되는 것이다. 그렇다고 안전사고가 획기적으로 줄었는지는 정확한 통계가 없어 알 수는 없으나 새로운 전담조직이 만들어졌다고 해서 유사한 상황이 재연되지 않은 것은 아닌 것 같다. 아니면 다른 해법이 있는가. 답은 없다. 조직을 새로 만든다고 문제가 해결되는 것이 아니다. 오히려 조직을 새로 만들수록 문제 영역은 확대될 수도 있다. 하지 않아도 될 일로 확대될 수도 있기 때문이다.

문제가 발생했다는 것은 현재 어느 조직이 하여야 할 일을 하지 않았거나, 어느 조직이 근본적으로 잘할 수도 없는 일을 했거나 꼭 하여야 할 일을 하지 않았기 때문이다. 따라서 해법은 꼭 해야만 할 일을 잘할 수 있도록 만들고 나머지 해서는 안 될 일이나 잘할 수 없는 일에서 과감하게 손을 떼는 일이다. 그것이 해법이다.

정부 개혁의 요체가 바로 현재 하고 있는 일을 재정비하는 것이다. 이러한 정부 개혁을 추진하는 가장 많이 쓰이는 방식은 개혁을 위한 전담부서를 설치하는 것이다. 국민에게 의지를 보여주는 실체적인 방법이다. 어느 정부든 이러한 추진 방식을 선호한다. 결과에 상관없이 개혁의 추진의지를 외부적으로 확실히 보여줄 수 있기 때문이다.

다른 하나의 방법은 기존 부서 스스로가 하고 있는 일을 정리하는 개혁 방식이다. 해당 업무에 대해 가장 잘 아는 사람은 직접 그 일을 하는 사람들이다. 이 경우에는 그들이 스스로 개혁할 수 있도록 동기 부여를 하는 것이 매우 중요하다. 가장 좋은 방법이거니와 효과도 제일 크다. 개혁을 위한 전담조직 방식은 전담조직 이외에는 전부 방어적인 태도를 취하는 데 비해 이 방식은 스스로가 개혁의 추진 주체가 되기 때문이다. 단 조건이 있다. 이러한 방식이 성공하기 위해서는 국 단위로 담당 국장에게 인력, 예산, 조직에 대한 전권을 부여하고 그 결과에 상응하는 책임도 함께 지우는 것이 중요하다. 흔들리지 않는 지속적인 추진의지가 기관장에게 있어야 함은 물론이다.

2015년 6월 27일 국회법 개정이 이루어지던 날 동시에 법 하나가 추가로 통과되었다. 손해배상보장법 개정안이 그것이다. 여러 가지 개정 내용 중 손해배상 진흥원 설립에 관한 조항이 5개 항에 걸쳐 삽입되었다. 내용은 손해사정 내용에 대한 검사 업무 수행을 국토교통부는 진흥원에 위임하고 진흥원은 검사수수료와 11개 손해보험회사의 회비 등으로 충당한다는 내용이다. 업무 위임위탁에 따른 기관 설립이라는 전형적인 조직 분화의 모습이다. 그 진흥원 설립의 취지는 손해보상 사정이 제대로 이루어지고 있는지에 대한 검사업무를 공무원들이 하는 것은 일손이 많이 가기 때문에 검사업무의 효율성과 전문성을 확보하기 위한 것이다.

과연 취지대로 운영이 될는지는 더 두고 볼 일이지만 진정으로 그

취지를 위해 진흥원이 설립되는 것인지 의문이 드는 것은 다음과 같은 이유에서다. 첫째, 유사한 기관 설립의 사례는 애초의 취지보다는 부작용을 더 크게 양산한 경험을 갖고 있다. 지난 세월호 사안에서 보듯이 선박 검사 업무를 해운회사들이 회비를 갹출하여 운영하는 해운조합에게 업무 위탁을 하여 수행을 한 결과는 어떠하였는가. 선박 검사가 제대로 이루어졌는가. 과부하 선적을 제대로 걸러냈는가. 아니다. 이 경우도 마찬가지의 결과를 가져올 것이 뻔하다. 동일한 방식의 업무위탁의 전형인 것이다.

둘째, 그러면 왜 이런 문제들이 있음에도 해당 부처와 국회에서는 이의 없이 정책으로 형성되고 법 개정안이 통과되는가. 우리는 현재의 눈에 보이는 부담보다는 미래의 비효율이나 위험에 둔감하다. 오히려 미래의 위험을 경고하는 불편하고 부담스러운 사람이 되기를 꺼려한다. 이 분위기를 바꾸는 일은 혁명과도 같다. 모든 공직자들이 이러한 현재의 이익을 포기하는 대열에 동참시키기는 어렵다. 공직자의 분위기를 바꿀 수 없다면 방법은 단 하나. 공직이 하는 일을 줄이는 것뿐이다. 스스로가 바뀌지 않는 것은 숫자를 줄임으로써 그 폐해를 줄이는 방법이다. 필요한 기능은 강화하고 불필요한 기능은 과감히 정리하자는 것이다. 잘할 수 없거나 해도 별 성과가 없는 일은 과감히 공공 부문에서 손을 거두어 들여서 꼭 해야 할 기능을 보강하고 확장하는 데 사용하자는, 이를테면 정부기능의 조정인 셈이다. 꼭 필요할 일만 하고 그 일은 잘하는 정부가 작은 정부고 좋은 정부다.

늘이고
줄이고

●　●　●

공공 부분의 조직은
필요한 곳은 늘이고 필요 없는 곳은 줄여야 한다.
가장 어려운 상식이다.

늘이기는 쉽지만 줄이는 것은 어렵다. 하지만 공공 부분은 어떤 형태로든 확장하는 추세에 있다. 역사적으로도 지속적인 팽창을 기록하고 있다. 대한민국 정부가 수립된 1948년에는 정부 조직은 11부 4처였고 공무원 수는 3만 명에 불과했으나 2015년 현재 정부 조직은 17부 5처 16청으로, 공무원 수는 100만 명을 넘어섰다. 33배 이상 늘어난 것이다.

정부 조직 확장 추세

연도	공무원 정원(명)	증감
2005	930,759	−5,628
2006	956,946	26,187
2007	975,012	18,066
2008	968,684	−6,328
2009	970,690	2,006
2010	979,583	8,893
2011	981,927	2,344
2012	990,423	8,496
2013	998,940	8,517
2014	1,010,310	11,370

자료: 2015 행정자치통계연보, 행정자치부

사회가 발전하면서 공공 부문이 해결해야 할 다양한 문제들도 기하급수로 증가했다. 경제 규모가 확대되는 만큼 여러 가지 사회 문제도 증가한 것이다. 당연한 귀결로 공공 부문도 확대되었다. 1948년 이래로 연평균 3만 명의 공무원이 증가하였다. 정부의 범위를 더 포괄적으로 정의하면 상황은 더욱 심각해진다. 입법부와 사법부 그리고 정부가 전액 출자한 공공 기관까지 포함하면 연평균 5만 명의 수가 증가하였다. 공공 부분의 폭발 현상이다. 지금도 확장 추세는 지속되고 있다. 특별한 계기가 없으면 이러한 증가 추세는 멈출 것 같지는 않다. 여기서 한 가지 의문이 드는 것이 있다.

과연 이렇게 늘어난 조직과 인력만큼 공공 부분이 사회 문제를 제대로 해결해주고 있는 것일까. 지속적으로 공공 부문의 일이 확대되는 반면에 공공 부문의 영역에서 시대 추세에 맞지 않는 일들은 없었을까. 정부 수립 당시에 했던 일들이 70여 년이 지난 지금까지도 변함없이 하여야 할 일로 남아있는 것이 과연 얼마나 되는지 관성적으로 지금까지 이어져 오는 일들이 상당수 존재할 것이라고 생각한다.

시대가 흐르면 국민의 요구도 변하고 공공 부문과 민간 부문의 역할 분담도 변한다. 과거에는 공공 부문이 훨씬 잘했던 일들도 지금은 민간이 훨씬 더 능숙하고 효과 있게 처리하는 영역도 늘어나는 추세다. 그렇다면 늘어나는 영역이 있으면 줄어드는 영역이 반드시 있어야 정상이다. 그러나 정부 조직이나 인력은 늘어나고 확대되기만 할 따름이다. 공공 부문의 조직은 필요한 것을 늘이는 만큼 불필요하거나 더 이상 공공 부문에서 잘할 수 없는 영역의 조직과 인력은 과감히 줄여야 한다.

상시
조직 개편

• • •

정부 조직 개편은 5년에 한 번씩 이루어진다.
과연 5년에 한 번은 공공성 개선을 위해 적절한 것인가?
논의가 필요하다.

필요한 곳은 늘이고 필요 없는 부분은 줄이기 위해서는 어떻게 하여야 하는가. 결론부터 말하면 상시적인 조직 개편이 시스템화되어야 한다. 그러나 현재의 정부 조직 개편은 정부가 바뀔 때마다 5년에 한 번씩 이루어지는 5년 주기 이벤트 성격이 강하다. 5일에 한 번 서는 5일장이 아닌 상설 시장화를 하여야 한다. 매일매일 필요에 따라 물건을 사고파는 시장처럼 정부 조직 개편도 시대의 흐름에 따라 수시로 이루어져야 한다. 수요가 있는 정부 서비스는 공급을 늘리고 수요가 없는 서비스는 공급을 줄이는 것이 이치에도 맞고 상식에도 부합한다.

그러나 이러한 필요성에도 불구하고 정권이 바뀔 때마다 행하는 이벤트처럼 정부 조직 개편이 이루어지는 이유는 무엇인가. 행정의 안정성 확보 때문이라고 주장하는 사람들이 많지만 서비스를 받는 국민 입장에서는 누가 공공 서비스를 공급하는가에는 별 관심이 없다. '누구' 보다는 '어떻게'에 더 관심이 많다. 질 좋은 서비스를 공급하면 되는 것이다. 그러나 실제 논의는 누가 그 서비스를 공급하느냐에 집중된다. 누가 공급하느냐는 바로 권한의 문제와 직결되기 때문이다. 결국은 공급자끼리의 싸움인 것이다. 많이 공급하는 조직이 더 큰 권한과 권력을 갖게 되는 것이다. 따라서 가능하면 누가 더 잘할 수 있느냐보다는 누가 더 많이 할 일을 가져오느냐에 온 관심이 집중된다. 그것을 확보하기 위해 총력을 기울인다. 부처의 생존이라는 의미로 싸움이 전개되고 언론들도 이러한 현상을 당연시 한다. 정부 조직 개편은 부처의 생존 쟁탈전의 장으로 바뀌는 것이다. 누가 더 잘할 것인가에 대한 논의는 실종된다. 타협에 의해 정부 조직의 그림이 완성되고 법으로 통과된다. 권력의 분배 작업인 셈이다. 일단 정부 조직법이 통과되면 5년간 큰 변화 없이 그 틀이 유지된다. 다음 단계는 그 틀 속에서 내용을 채우는 작업이 진행된다. 조직의 내용물, 즉 하부 조직과 인력 확대를 위한 쟁탈전이 5년간 전개되는 것이다.

매년 행정자치부에서는 차기 년도에 정부 전체의 인력 운영을 판단하고 이에 따른 참고자료로 삼고자 인력운영계획을 수립한다. 이를 위해 매년 모든 정부 부처로부터 필요한 인력 충원 요청을 받는데, 그 수를 모두 합하면 매년 3만 명에서 5만 명에 이른다. 각 부처에서는 새로운 행정 수요를 감당하기 위해서는 매년 수만 명의 공무원이 추가로 필요하다고 주장하는 것이다.

과연 이 많은 인력이 필요한 만큼의 새로운 수요가 생기는 것일까. 그것이 사실이라면 10년 후에는 수십만 명의 공무원이 해야 할 만큼 정부 역할이 증가되는 것이어야 한다. 100년 후에는 수백만 명의 공무원이 필요할 것이고 나중에는 급기야 전 국민의 숫자보다 더 많은 공무원이 필요할 것이라는 계산이 나온다. 물론 이는 극단적이고 단순한 셈법이지만 공공 부문의 역할은 절대적으로 증가하는 것은 아니다. 질적으로 내용이 변하는 것이다. 그러나 이를 양적으로 해결하려 하는데 문제가 발생한다. 정말로 수만 명의 공무원이 필요로 하는 새로운 업무가 생겼다면 역으로 그만큼은 없어져야 할 일도 생긴 것은 아닐까. 공공 부문의 역할이 새로 필요한 영역이 있다면 반드시 역으로 더 이상 필요치 않게 된 부분이 있다는 것을 전제해야 한다.

그리고 더 심각한 것은 조직의 안정성을 이유로 일단 정비된 조직 구조는 가능한 변함없이 존속되어야 한다고 믿는 허구성이다. 조직의 안정성은 이론적으로만 그럴싸한 것이다. 조직 안정성은 조직 구조의 불변성에 있는 것이 아니라 조직이 생산하는 공공재의 질의 불변성에 있는 것이다. 조직이 변하지 않음으로써 공공재의 생산의 질이 저하된다면 더 이상 그 조직의 안정성은 없다고 표현하는 것이 더 조직의 존재 의의와 부합한다.

따라서 조직은 가변적이어야 한다. 10년 전의 조직이 지금도 존속하여야 할 필요성은 거의 없다고 보아야 한다. 현재의 조직이 10년 후에는 전혀 다른 조직으로 변해야 하는 것이 사회 변화에 제대로 부응하는 것이다. 사회 변화에 제대로 대응하여 조직을 제때에 제대로 변화시키는 것이 바로 일을 제대로 하는 것이다. 그런 의미에서 5년간 주기적으로 이루어지는 정부 조직 개편은 상시 조직 개편으로 바뀌어야 한다. 국회는 정부 조직의 큰 대강만을 정해주고 그 내용을 채우고 수시로 변화시킬 수 있는 권한을 행정부에 주어야 한다. 그것이 진정 국민의 요구를 제대로 반영하여 공공 서비스를 공급할 수 있는 가장 최선의 방법이다. 극단적인 예를 들면 국회는 정부 조직법에 15부 2원 5청의 범위 내에서 총 100만 명의 공무원 범위 내에서 정부를 조직할 수 있도록 포괄적으로 위임하는 방식일 수도 있다. 부처의 구분이 정부 서비스의 질을 결정하는 요소는 아니기 때문이다. 그러나 대부분의 국회의원들은 그리고 상당수의 공무원들은 조직만 잘 구성해 놓으면 공공 부문 서비스는 저절로 잘 생산되고 공급된다는 이유 없는 확신을 가지고 있다. 그 심리적 기저에는 공공 서비스를 생산하는 주체가 권한이며 권력이라는 데에 더 큰 비중을 두고 있는 속마음이 깊이 자리하고 있는 것은 아닌지 의심이 든다.

상시 조직 개편을 실행하는 실천적 방법이 있다. 하나의 부처를 상정해보자. A부처는 10개의 실국으로 편성되어있고 총 정원은 200명이며 하나의 실국 당 20명의 정원으로 운영되고 있다고 가정하자. 현재 시점에서 A부처에 대한 행정수요는 각 실국당 20명이 공급할 만큼 이루어지고 있지만 시간이 흐르면서 행정수요는 질적으로 양적으로 변화한다. 이러한 수요 변화에 적시에 대응하기 위해서는 정원의 일정 비율을 할당하여 이를 유동정원으로 관리하는 것이다. 예컨대 정원의 20%인 각 실국당 4명씩 총 40명은 유동정원으로 하여 더 추가로 필요한 실국에 유동 정원을 배분하는 것이다. 그렇게 하면 새로 추가되는 수요나 시대 변화로 더 이상 필요 없게 된 서비스에 대한 대응을 적기에 할 수 있다. 마찬가지로 조직의 차원에서도 실국의 구성을 고정이 아닌 변동 가능한 개념으로 관리한다면, 예컨대 유동조직 총량제[17]로 행정 수요 변화에 적시에 대응함으로써 정부 조직을 살아있는 조직으로 변화시킬 수 있을 것이다.

---

17 이는 조직 수의 총량을 정하고 구체적인 조직 구성권을 부처에 일임함으로써 시대 변화에 대응할 수 있는 조직체계로 관리할 수 있는 방법 중 하나다.

제3섹터의
운명

• • •

공공과 민간의 이분법 사이에 존재하는 제3섹터에는
공사, 공단, 출연 · 출자기관, 그리고 민간의 출연으로 만들어진 조합 등이 있다.
공공 사무를 위탁받아 실행하는 이들의 운명을 알아본다.

2010년 봄, 강원도 도시개발공사는 현금 유동성을 타개하기 위한 대책의 일환으로 행정안전부에 1천2백억 원의 기채 승인을 요청한다. 2006년 강원도는 도지사의 적극적인 주도 아래 강원도 평창 지역의 동계올림픽 유치 추진과 발맞추어 그 지역의 발전을 도모할 알펜시아리조트 사업을 착공하였다. 이 프로젝트는 평창 일대에 가족 단위로 즐길 수 있는 워터파크와 골프장 그리고 골프장 주변의 수려한 경관을 이용한 콘도 등으로 구성된 대형 리조트 단지를 건설하는 것이었다. 동계 올림픽이 유치되면 올림픽 개최 시설의 사후 활용과 연계한 개발 사업이었다.

문제는 골프장 주변에 지어 놓은 고가의 콘도미니엄의 분양이 부동산 경기 침체의 여파로 거의 이루어지지 않고 있다는 데에 있었다. 수천억 원의 자금을 금융권으로부터 대출 받아 건설하였는데 분양이 되지 않으니 현금 수입이 대출이자를 감당하지 못하는 수준에 이른 것이었다. 급기야 강원도 도시개발공사는 정부에 긴급 재정 지원 요청과 더불어 채무발행 승인을 요청할 수밖에 없는 상황에 놓인 것이다. 하루에만 이자 부담이 억대에 이른 것이다. 물론 강원도 도시개발공사는 강원도에서 현금과 토지 등을 출자해서 만들어진 제3섹터였고 따라서 공사의 운영 성패에 따라 그 부담도 강원도가 온전히 부담하여야 하는 100% 공공 기관의 전형인 셈이었다. 공사의 채무를 강원도가 보증하고 있기 때문이었다. 사업에 투자하는 자금을 은행으로부터 대출을 받을 때 강원도가 그 채무 이행을 보증하는 형식인 것이다.

그런데 문제는 채무 보증 자체가 아니다. 채무를 보증한 사업의 성격에 있다. 공사 공단 등 제3섹터를 설립하는 근본적인 이유는 공공 부문의 일이지만 민간의 경영기법을 활용하여 사업을 효과적으로 추진하기 위한 데에 있다. 강원도 도시개발공사의 대형 리조트 사업이 공공 부문의 할 일에 포함되는가에 근본적인 의문이 드는 것이다. 오히려 대형 리조트 건설과 같은 수익을 내기 위한 사업은 공공보다 민간이 훨씬 더 잘할 수 있다. 공공 부문의 제3섹터인 도시개발공사가 할 일은 아니다.

그러나 현실은 그렇지 않다. 전국 240개 지방자치단체는 어떤 형태든 도시 개발을 위한 공사나 공단이 있다. 1996년 최초로 자치단체 산하의 공사가 설립된 이래 여러 가지 목적으로 공사, 공단 등 제3섹터가 우후죽순으로 생겨났다. 산업 단지 조성, 택지 개발, 시설물 관리, 임대 주택 건설, 자치단체 특화 사업 추진 등 설립 목적도 다양하다. 그러나 이 사업은 점차 공공 부문의 영역을 벗어나는 경향을 보이고 있다. 대표적인 사업이 강원도 도시개발공사와 같은 대형 리조트 사업 추진이다. 평창에 대형 리조트 사업이 이익이 날 수 있는 가능성이 있었다면 민간 기업이 이미 그 사업을 추진하였을 것이다. 그럼에도 불구하고 공공 부문이 공사를 설립하여 리조트 개발 사업을 추진한 것이 공공 부문의 존재 이유와 합당한 것인가에 의문을 제기하지 않을 수 없다.

민간이 하지 않는 프로젝트의 대표적 사례는 임대 주택 건설이다. 대형이 아닌 소규모의 임대 주택 건설 사업은 수익성이 없기 때문에 민간 기업은 참여하지 않는다. 초기 투자비가 많이 들어가는 데 비해 수입은 적기 때문이다. 그러나 집을 살 여력이 없는 일정 수준 이하의 계층에 대한 임대 주택 사업은 누군가가 해야 하는데 그 누군가가 바로 공공 부문이다. 시장 기능에서 충족될 수 없는 대표적인 사업이기 때문에 공공 부문이 이를 담당하여 손해가 나더라도 주택을 짓고 싼 값으로 임대를 하는 것이다. 당연히 수익이 날 리가 만무하다. 그러한 영역의 일만 제대로 수행하면 공공 기관인 제3섹터의 역할은 충분하고도 남는다. 그러나 현실은 이와 반대다.

공공 부문의 제3섹터는 손해가 나지만 반드시 하여야 할 이유가 존재하는 필요 최소한의 역할만 수행하도록 현재의 공사나 공단 등 공공 기관들을 과감히 재평가하여 정리하여야 할 때다.

본질을
생각하라

● ● ●

공공 부문을 구성하는 구성원들의 생각도 세탁되어야 한다.
세탁은 물질의 본 기능을 회복하기 위한 행위이다.
본질에 접근하면 앞으로 꼭 해야 할 일이 보인다.

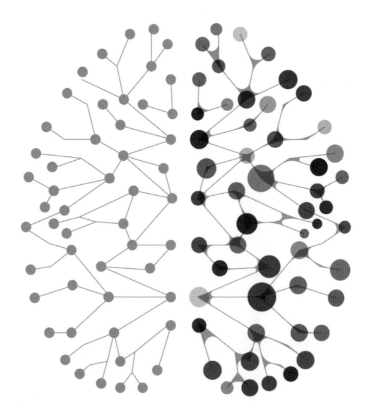

중앙 정부 관련 공공 기관수는 지정된 것만 300여 개, 지방자치단체는 350개가 넘는다. 여기에 출자, 출연, 특수 목적 법인까지 합하면 1,000여 개가 넘는다. 이처럼 수많은 제3섹터가 제대로 된 역할을 수행하기 위한 전제 조건은 무엇인가. 공공 기관의 구성원은 중앙 정부와 지방 정부를 모두 합쳐서 50만 명을 넘어서고 있다. 전체 공무원 수의 50%에 육박하고 있다. 과연 이들은 하여야 할 일을 하고 있는가. 그들이 현재 하고 있는 일들이 해당 기관들의 존재 이유에 부합한 일들을 하고 있는가. 그 구성원들은 그 조직의 존재 이유에 대한 진지한 고민을 하고 있는지 의구심이 드는 것은 그들이 하는 일의 상당 부분은 국민들로부터 납득이 가지 않는 일들이 많기 때문이다.

어느 조직이든 한 개인이 그 조직의 구성원이 되면 그 개인에게는 생활의 터전이 되고 삶을 지탱하는 수입의 원천이 된다. 공공 기관도 한번 만들어지고 구성원들이 채워지면 그 조직은 자생력을 갖고 생명체처럼 행동하게 되는 것이다. 그러나 그들이 하는 일의 타당함 유무와 관계없이 외부의 위협으로부터 조직을 지키기 위한 방어 본능이 작동하는 것이 문제다.

대부분의 경우에는 현재의 저항이라는 문제 발생을 두려워하여 현재의 상태를 그대로 두고 싶은 마음이 더 앞선다. 그냥 현재의 문제점은 덮어두고 싶은 것이다. 미래에 발생할 문제들은 굳이 내 손으로 파헤치고 싶지 않은 것이다. 개혁하고자 하는 사람은 극소수에 불과하다. 결국 미래에 다가올 더 큰 위험 요인을 사전에 방지한다는 것은 말로만 가능한 일이 되어버린다. 정부가 출범하는 초기에는 항상 공공 기관 개혁의 문제가 화두로 등장하지만 번번이 현재의 저항에 부딪혀 없던 일이 되고 마는 이유가 여기에 있다. 공유지의 비극이라는 요소가 여기에서도 작동한다. 미래의 혼란이나 비용들은 현재를 살고 있는 사람들이 현재의 안락함과 안정을 위해 사용하는 담보물인 셈이다.

이제 우리는 세탁을 해야 한다. 미래의 위험을 담보로 현재를 누리려는 마음들을 세탁하여야 하는 것이다. 그 일을 할 수 있는 사람이 바로 공공 기관의 장들이다. 이러한 능력자를 임명하는 것은 오롯이 이들을 뽑는 인사권자의 능력이요, 책임이다.

상식을
생각하라

●　　●　　●

수단이 목적을 뛰어넘는 경우가 있다.
여기에 전문가의 판단이 한 몫을 한다.

서울의 서쪽 끝자락 마포구 성산동에는 월드컵공원이 있다. 1978년부터 15년간 쓰레기 9천2백만 톤을 매립하였던 난지도 쓰레기 매립지를 활용하여 2002년 월드컵 개최를 앞두고 일대의 105만 평 부지에 공원이 조성되었다. 월드컵공원은 습지와 꽃밭, 연못, 요트장, 흙길 마라톤 코스 등을 갖춘 5개 테마 생태공원으로 이루어져 있다. 5개 공원 가운데 평화의 공원과 난지천공원, 난지한강공원은 평지에 조성되었고, 하늘공원과 노을공원은 쓰레기가 매립된 쓰레기 산 위에 조성되었다. 쓰레기 매립은 1993년에 종료되었다. 그러나 매립이 종료된 지 7년이 지난 시점인 월드컵공원을 계획할 당시인 2000년에도 100m가 넘는 두 개의 쓰레기 산에는 아직도 쓰레기가 썩어서 오염된 물이 흘러나오고 있었다. 침출수가 공원 밖으로 흘러나와 주변을 오염시키는 것을 방지하기 위해 두 개의 쓰레기 산 전체를 빙 둘러서 콘크리트 차단벽을 설치하였고 침출수를 모아두는 집수정을 설치하였다.

문제는 침출수 처리 방법을 선택하는 데에 있었다. 공원 내에 별도의 침출수 처리 시설을 설치할 것인지 아니면 인근에 위치한 난지하수처리장으로 침출수를 직접 이송하여 하수처리장에서 처리할 것인지가 그것이었다. 당연한 절차로 이에 대한 용역을 연구기관에 의뢰하였다. 연구 결과는 현재 상태와 유사한 오염된 침출수가 최소한 20년 이상은 지속될 것이며 따라서 환경 영향을 최소화하기 위해서는 공원 내에 독립적인 침출수 처리장을 건설하기로 결정되었다. 20년 후에도 침출수의 20개 항목에 달하는 오염원에 대한 오염 수치가 환경 기준치를 초과하는 것으로 예측되었다. 당연히 자체 처리하는 시설을 건설하는 것으로 연구 결과는 정리되었다. 소규모 하수처리장을 건설하는 것으로 결론이 난 것이다. 이 연구 결과에 따라 천억여 원을 들여 공원 한쪽에 침출수 처리장이 건설되었다. 드디어 2002년 5월 1일 월드컵 공원의 완공과 함께 침출수 처리장도 가동을 시작하였다.

자연의 힘은 전문가의 능력을 초월한다는 사실이 2005년에 입증되었다. 향후 20년간 침출수의 오염 농도가 지속될 것이라는 연구원의 예측은 채 3년도 되지 않아서 빗나가 버린 것이다. 두 차례의 집중 호우기를 거치면서 자연은 스스로를 정화한 것이었다. 2000년도의 예측과는 달리 침출수의 오염 수치는 질소 성분을 제외하고는 모든 항목에서 환경기준치 이하를 기록했다. 그나마 질소 성분도 환경기준치를 약간만 상회했을 뿐이었다.

전문가의 예측은 가장 비관적인 상황을 가정하는 경향이 있다 하더라도 불과 3년도 되지 않아 복원된 것은 자연의 힘으로 과연 치부되어야 하는가에 있는 것이다. 연구 결과에 따라 투자된 천억여 원의 예산 비용은 환경을 위한 위험 비용으로 설명하고 말 것인가에 있다. 환경 문제는 예측보다 과도하게 대책을 세우는 것이 일반론적으로 타당하고 용인되는 문제이긴 하지만 이 경우의 환경 비용은 인근 처리장으로의 직송 처리라는 대안이 있었던 터라 분명 환경 위험 비용으로 치부할 것은 아니다. 만일 매립 후에 우기를 거치는 과정에서의 실제 침출수의 오염수치가 변화하는 과정을 관찰 및 측정했거나, 우수의 오염 완화 현상에 대한 상식적인 고려가 전제되었다면 천억여 원의 투자는 피할 수도 있었을 것이다. 실제의 연구는 매립된 쓰레기 총량이 부패해서 나오는 침출수 총량으로 환산했을 가능성이 크다. 이 결과는 연구원 전문가들의 능력을 벗어난, 전문가의 함정이 작동한 것이다.

상식이 전제된 전문가의 판단만이 진정 전문가의 판단이라는 사실은 경험으로 증명된다. 전문가의 수가 중요한 것이 아니고 전문가들이 어떠한 생각을 가지고 과업을 진행하느냐가 연구기관들의 존재 이유를 입증하는 것이다.

과감한
개혁

• • •

그리스 정부 부도 사태를 이야기하는 우리의 속마음은
'다행히도 우리는 아니었다'라는 위안일 것이다.
다가올 미래의 위험을 사전에 방지하는 것이 개혁이다.

공공 부문의 개혁이 필요하다는 증거는 그리스가 전형적으로 보여주고 있다. 그리스는 공공 부문의 무분별한 확대가 재정 지출의 급속한 팽창으로 이어져 국가 채무가 GDP 규모를 훨씬 초과함으로써 국가 재정 파탄이라는 결과를 초래한 전형적인 사례를 보여주고 있다. 1970년대 민주화 이후 사회주의 정권이 집권하면서 공공 부문의 확대가 급속히 진전되어 공무원 수가 전 국민의 10%를 넘어섰고 퇴직 후 연금이 보수의 95%에 달하는 등 도덕성 해이가 극에 달했다. 직장인 4명 중 1명이 공무원이 된 것이다. 공공 부문 확대라는 개념보다는 정권과 권력의 부패가 공공 부문 채용으로 공공 부문의 복지 확대가 표로 직결되는 그런 사회가 된 것이다. 더군다나 집권한 정권마다 복지 확대 정책을 시행, 국민연금과 공무원 연금 확대와 함께 공무원 봉급을 2배로 인상하였고, 2004년부터 2009년까지 5년간 총 5만 명의 공무원을 증원하였다. 이는 최대 수혜자가 공무원이었음을 나타내는 한편, 정치적 부패가 공무원 증원과 권한 확대 그리고 경제 규제 강화로 이어지는 악순환 과정을 보여주고 있는 것이다. 정치 부패가 경제 부작용으로 이어지는 전형적인 사이클인 것이다. 공무원 증원의 상당수는 친인척 기용 등 부패로 이어졌음은 물론이다.

이처럼 그리스의 복지 정책은 그리스의 경제력을 넘어서는 무리한 재정 지출로 이어졌다. 2010년에는 국가 부채가 GDP의 125% 수준으로, 2011년에는 135%로, 2015년에는 무려 177%로 급상승하기에 이르렀다. 결국은 국가부도 사태에까지 이른 그리스의 도덕적 해이는 공유지의 비극을 넘어서 제2의 그린란드 초토화[18] 사태의 지경에까지 이르렀다. 우선 쓰고 보자는 심리와 인기를 얻으려면 무엇이든 주어야 한다는 정치적 계산이 초래한 그리스의 비극은 아직 끝나지 않았다. 현재의 어려움을 미래로 돌리려는 회피 전략은 고스란히 그리스 미래 세대의 부담으로 돌아올 것이기 때문이다.

구조 조정을 수반하는 정부 부문의 개혁 또한 동일한 욕망과 심리에 의해 저항을 받는다. 공공 부문의 비대화는 처음에는 큰 문제로 인식되어지지는 않지만 미래의 눈으로 보면 돌이킬 수 없는 자원의 블랙홀과 같은 거대한 싱크홀인 것이다. 눈에 보이지는 않지만 한 순간 움푹 꺼질 때까지 내부에서 서서히 커져가는 동공처럼 소리 없이 진행된다. 하지만 어느 순간 함몰되어 지상에 존재하는 것은 흔적도 없이 사라지는 것이다. 그리스의 사례처럼 말이다.

누가 그것을 사전에 막을 수 있을 것인가. 누가 지하의 동공이 점점 더 커지기 전에 막아낼 것인가. 현재의 어려움을 감내하도록 동기를 부여하고 인내할 수 있는 의지를 북돋울 것인가. 정부의 무분별한 개입보다 최소한의 것을 지키는 작은 정부가 답이다.

---

18 목초지 용량을 초과한 양떼 사육으로 그린란드 초지가 황폐화하여 결국 모든 사람들이 그곳을 떠나야 했던 현실 욕망의 결과를 보여준 사례다.

형식
종료

• • •

2010년 9월 정기국회 회기 중 국회 본회의장.
당시 국회의장은 잠시 자리를 비운 국무위원들의 출석을 체크하며 말한다.
"국회는 형식이 실질을 지배하는 곳입니다."

"형식이 실질을 지배한다"라는 말을 국회의장이 공개적으로 천명하고 있다는 것은 듣는 사람들도 이에 동조하거나 그 논리가 잘못된 것이 아니라는 확신이 있었기 때문일 것이다. 그 사고는 어디에서 유래하는 것일까. 형식이 실질을 지배하는 곳이 국회라는 확신은 국회가 사회적 게임의 규칙을 만드는 곳이고 이에 따라서 국민들은 그 규칙에 따라 움직여지는 피동적인 물체에 지나지 않는다는 말로 들리기도 한다. 그것이 아니라면 최소한 입법부에 비해 행정부는 국회가 만든 형식, 즉 법에 따라 단순히 이를 집행하는 곳에 불과하다는 의회 우월적 사고의 산물인지도 모른다. 당시 그곳 의사당 안에 있었던 수많은 국회의원들은 당시 국회의장의 말은 지극히 당연하다고 받아들였다. 사회적 게임의 규칙을 만드는 데 필요한 형식에 익숙해 있는 국회의원들의 사고방식으로 보면 이 말이 하등 이상할 게 없었을 것이다.

그래서인지 국회는 내용보다는 형식의 옳고 그름에 대한 논쟁이 주류를 이룬다. 내용이 옳고 그르냐가 아닌 내용이 담긴 형식의 처리 과정에서 발생한 형식적 요건의 옳고 그름을 따지는 것이다. 어떤 경우에는 그 내용은 무엇이었는지 아무도 기억하지 못한다. 처리 과정의 잘잘못만이 각인될 뿐이다. 물론 여기에는 언론도 한 몫을 하지만 그래도 형식이 실질을 지배하는 현장을 모든 국민들은 바라다보면서도 결국에는 이러한 게임에 익숙해지고 마는 것이다. 법의 내용에 대한 논쟁은 법안이 상정될 당시에만 잠깐 기억될 뿐 나중에는 그것이 무엇이었는지 조차 기억하지 못한다. 실로 형식이 실질을 지배하고 있는 것이다. 그런 의미에서라면 국회의장의 발언은 현재의 국회 상황을 제대로 표현한 말일 것이다.

이런 상황이 바람직하지 않다는 것은 누구나 공감을 하지만 어떻게 그 상황을 바꿀 것인가로 들어가면 마땅한 대안도 떠오르는 것은 없다. 현재의 시스템으로는 다시 형식이 실질을 지배하는 논쟁으로 빠져드는 상황이 연출될 것이 명약관화하기 때문이다.

방법은 하나다. 가장 형식적인 방법으로 형식의 논쟁을 종료시키는 것이다. 원론으로 돌아가는 것이다. 내용에 대한 공론화 과정이 민주주의 요체라는 것쯤은 상식이다. 이런 상식에 입각하여 내용과 관련한 공론화 과정은 제한 없이 열어두고 그것을 채택할 것인가 여부는 다수결의 의사결정시스템에 맡겨버리는 것이다. 그것이 가장 합리적이고 국회의 형식 우선주의가 취할 가장 바람직한 태도다.

다수결의
기본

• • •

다수의 의사에 따르는 결정은 지금껏 인류가 창조한 가장 합리적인 제도다.
그 틀을 대한민국 국회가 소위 국회 선진화법으로 깼다.
대단하고 위대하고 무모하다.

다수결의 원칙은 대의민주정치와 더불어 민주정치의 기본원리이다. 다수가 찬성한 것이 언제나 옳다고 할 수는 없으며, 다수의 힘을 믿고 부정·부당한 것을 강요하는 경우도 있을 수 있다. 그렇다고 해서 소수의 결정을 다수에게 강요하는 것은 더욱 부당한 것이다. 충분한 공론과정과 소수의 의견 존중이라는 전제하에서 다수결의 원리는 일반적 의사결정 원리로 받아들여지고 존중되어야 한다. 그러나 2012년 5월 2일 국회는 다수결의 결정이 아닌 소위 국회 선진화법을 통과시켰다. 인류가 의사결정시스템으로 개발한 시스템 중 가장 위대한 제도인 다수결의 논리가 버려졌다.(만장일치제를 택하지 않은 것만으로 감사해야 할 일인지도 모른다.)

국회 선진화법이 담고 있는 내용은 다음과 같다.

첫째, 천재지변이나 전시·사변 등 국가비상사태의 경우나 교섭단체 대표와의 합의가 있을 때만 국회의장이 법률안을 본 회의에 직권 상정할 수 있다.

둘째, 재적의원 3분의 1 이상의 찬성이 있으면 본 회의에서 토론을 무제한으로 할 수 있다.(필리버스터 제도)

셋째, 재적의원 5분의 3 이상의 중단 결의가 없는 한, 회기 종료 때까지 토론을 이어갈 수 있다.

국회 선진화법으로 국회 내 다수당이라 하더라도 의석수가 180석에 미치지 못하면 예산안을 제외한 법안의 다수결 처리가 불가능해진 것이다. 국회 선진화법이 추진된 동기가 소위 날치기 예산안 강행 처리나 이에 항의하는 국회 내 폭력 사태를 예방하고자 하는 것이라지만 이러한 행위에 대한 해법으로 의결 요건을 강화한 것은 확실히 그들다운 발상이었다. 선진화되지 못한 국회의 행태는 그 잘못된 행태를 바로 잡을 일이지 수백 년간 이어져온 합리적 의사 결정제도를 바꾸는 것으로 해결할 일은 아니었다. 충분한 공론 과정과 소수 의견 존중 그리고 합리적 다수결에 의해 결정된 사안에 대한 수용이라는 민주주의적 기제로 풀어야 할 일이었다.

결국 이러한 비합리적인 본말이 전도된 법률은 국회에서 통과된 이후 채 1년도 안 돼 논란의 대상으로 떠올랐다. 2013년 3월 야당의 반대로 박근혜 정부가 추진한 정부 조직법 개정안 처리가 지연되자 새누리당이 국회 선진화법 개정을 요구하고 나섰기 때문이다. 국회 선진화법에 따르면 여야가 첨예하게 대립하는 쟁점 법안은 과반수보다 엄격한 재적의원 5분의 3(180명) 이상이 동의해야 본회의 상정이 가능하다는 규정이 있기 때문이다. 또 재적의원 3분의 1 이상 요구가 있는 경우 본 회의 심의 안건에 대한 무제한 토론을 할 수 있는 필리버스터 제도를 도입했기 때문에 야당의 합의 없이는 쟁점 법안의 처리는 불가한 상황이 된 것이다. 정부 조직법이 정부가 일을 하기 위한 준비 단계임에도 불구하고 정부 조직을 어떻게 갖추어야 하는지가 쟁점 법안으로 떠오른다는 것 자체가 형식이 실질을 지배하는 전형을 나타내는 대표적인 사례가 되었다. 정부 조직을 정부가 구상한 방식이 아닌, 여야 합의라는 묘한 절충으로 통과되어 시행될 수

밖에 없었다.

　조직만 만들어 놓으면 그 이후의 일은 어찌되었든 관심이 없다는 생각이 조금이라도 있었던 것은 아닌지 의구심이 든다. 그러니 정부 조직법의 내용에 대한 공론화 과정보다 이것이 처리되는 절차에 훨씬 많은 시간이 허비되었던 것 아닌가. 그러나 정부 조직구성이 늦어진 것과 어떤 형태로 정부 조직이 개편되었는지와 관계없이 국민에게 이루어지고 있는 정부 서비스의 질 향상과는 큰 관계가 없었다는 사실만큼은 반드시 직시해야 할 일이다.

제2의
명예혁명

· · ·

의회와 집행부의 대립은 역사적으로 끝나지 않을 게임이다.
그 승패는 누구를 위한 싸움이냐가 중요하다.

의회와 집행부 간의 대립과 갈등은 긴 역사를 통해 이루어져왔다. 특히, 영국의 명예혁명은 역사적 분기점을 제공하는 중요한 의미를 지닌다. 절대 왕권을 지지하는 왕당파와 의회파의 대립으로, 절대 권력으로부터 일반 시민의 자유를 지키려는 자유혁명 시도로 또는 부패한 카톨릭에 대항하는 프로테스탄트의 혁명으로도 읽히고 있다. 한 곳으로 집중되어 부패된 권력에 대한 투쟁인 것이다.

그러나 좀 더 솔직히 표현하면 절대 왕권의 핵심은 과세권에 있었다. 자의적인 과세로 유지되는 봉건시대의 유지라는 근원적 체제에 대한 도전이었다. 신에 의해 부여된 권리, 즉 왕권신수설의 실질적 권한은 일반 국민으로부터 세금을 마음대로 거두어들일 수 있는 권한이었다. 그러한 왕권에 대한 도전이 명예혁명이었고 그 도전이 성공한 것이다. 중세 봉건 시스템이 붕괴되고, 권한이 국민들로부터 위임 받은 다수의 의회로 분산되는 역사적인 전환점이 된 것이다. 권력 집중이라는 왕권세력과 권력 분산이라는 의회파의 대립에서 권력분산 세력이 승리한 것이다. 영국은 명예혁명의 결과, 왕과 가신들의 권한은 약화되었다.

이후로 의회는 사회 각계각층의 의견을 폭넓게 수렴하는 창구로, 과세권을 포함한 경제제도를 결정하는 권한을 부여 받게 되었다. 다원주의 사회로 가는 발판을 마련한 것이다. 명예혁명으로 투자나 거래를 촉진하는 인센티브 기반 경제 시스템이 구축되었으며, 사유재산권의 보장이 강화되었고, 의회의 승인 없이는 세금을 부과할 수 없으며, 산업 활동의 밑거름이 되는 도로, 철도, 운하 등 사회기간 시설 건설에도 박차를 가하게 되었다.

요약하자면 다원주의 확산으로 수동자의 입장에 있던 주체들이 능동적으로 제 역할을 하기 시작했다. 이러한 능동의 힘이 경제제도의 변화를 기반으로 성장의 원동력으로 작용하게 된 것이며, 결국은 산업혁명의 토대로 이어진 것이다. 군주와 귀족 세력에 대응한 연합세력의 승리로 다원적 정치제도의 기틀이 마련된 것이다. 다원적 정치제도로 인해 경제제도가 발달할 수 있었고, 이것이 바로 산업혁명에 불을 붙이는 역할을 한 것이다.

행정부와 입법부의 대립은 이처럼 집중된 권력과 분산된 권력 간의 파워게임으로 이해되기도 한다. 단일 권력과 연합 권력 간의 갈등인 것이다. 삼권분립도 권력을 나눈다는 의미가 그래서 중요하다. 삼권분립이 확립되어 오랜 기간 뿌리내려온 현 시점에도 집중과 분산이라는 갈등은 여전히 존속한다. 권력은 일단 형성이 되면 한 곳으로 모아지려는 구심력을 갖는다. 그래야 그 권한의 양과 질이 훨씬 커지기 때문이다. 그러나 권력은 한 곳으로 집중될수록 그 폐해가 커지는 속성을 갖는다. 중세 시대의 절대 왕정의 가장 큰 문제는 공론화 과정 없이 단독으로 결정된 과세권에 있었음은 두말할 나위가 없다. 과세권의 본질은 돈을 거두어들이는 권한이다. 합당한 사유가 있을 때만이 돈을 거두어들여야 한다. 그 권한은 당연히 국민에 의해 선출된 의원들에게 위임된 권한이다. 입법부의 가장 기본이 되는 권한인 것이다. 문제는 이러한 기본 권한과 배치되는 방향으로 돈을 거두어들이는, 돈을 쓰고자 하는 국회의원들의 행태다.

2010년 전국 시도지사연합회에서는 하나의 성명이 발표되었다. 종합부동산세 폐지에 반대하는 성명이었다. 종합부동산세가 폐지되면 이를 재원으로 자치단체에 교부되는 재원이 줄어들어 재정 수입이 감소하게 된다는 논리였다. 동일 세원에 이중으로 세금을 부과하는 종합부동산세의 위헌성과 정당성 여부와 관계 없이 국민들의, 지역 주민들의 세금 부담을 줄이는 일인데도 주민을 대표하여 선출된 선출직들은 이를 반대하는 것이다.

　　과연 종합부동산세가 폐지되어 재정 수입이 감소하는 만큼의 재원은 다수의 이익을 위해 쓰이고 있는 것일까? 아니면 해서는 안 되는 일이나 해도 별 효과가 없는 일에 쓰이고 있는 것일까? 물론 종합부동산세로 거둔 세금은 자치단체별 재정여건에 따라 재정수입을 보전하는 재원으로 일반 예산으로 편성된다. 분명한 것은 종합부동산세가 폐지된다 하더라도 그 이전과 현격한 공공 서비스의 차이는 거의 나타나지 않는다는 것이다. 세금 감소로 이익을 보는 사람은 명확히 존재하지만 그로 인한 자치단체 재원감소로 인한 손해를 보는 사람은 바로 자치단체에 소속된 공무원들이 1차 피해자이다. 그렇기 때문에 직접적인 피해를 보는 현실적 피해자의 목소리가 제일 클 수밖에 없다.

　　재정 보전이 이루어지지 않으면 시민들에게 제공되는 서비스의 양과 질이 저하될 것이라는 엄포도 동시에 수반된다. 제품을 생산할 때 원가 비용이 상승되면 그 비용을 제조자가 흡수하기보다는 구매자에게 그대로 전가하는 것과 같은 이치이다. 그 지역을 대표하여 선출된 공직자라면 그 지역 주민들의 세 부담이 줄어드는 것에 동조하여야 상식적인 판단 아닌가. 오히려 지역 주민들이 부담하는 세금을 깎아주면 안 된다고 주장하는 대표 선수들을 주민들이 뽑아준 아이러니한 현상이다. 지역 주민들은 나만 손해 보지 않으면 그만인 것인지 모를 일이지만, 그것이 본인에게 닥치는 상황이라면 사정은 급변하게 될 것이라는 점은 어떻게 설명해야 할지 이 또한 아이러니하다.

2014년 4월 30일 새누리당 유승민 의원과 새정치연합 신계륜 의원 등 67명은 가칭 '사회경제 기본 법안'을 발의한다.[19] 사회적 기업과 협동조합 등 '사회적 경제 조직'을 지원해서 사회적 경제의 생태계를 만들기 위한 법적 근거를 만들기 위한 법안인 것이다. 법안 제1조에서는 '사회적 기업, 협동조합 등 사회적 경제 조직의 설립, 경제 지원을 통한 일자리 창출을 도모하는 것'이라고 천명하고 있다. 사회적 경제조직은 사회적 기업이나 협동조합 또는 마을공동체 기업과 같은 비영리 조직을 말한다. 이윤이 목표가 아닌 기업인 것이다. 법안에 따르면 이러한 비영리 조직들이 생산한 제품이나 서비스는 정부 또는 지방자치단체에서 구매비용의 5%를 의무적으로 구매하도록 하고 있을 뿐만 아니라 이러한 사회적 경제조직을 활성화하기 위

---

19 당시 유승민 새누리당 원내대표를 비롯한 67명의 의원이 2014년 4월 30일에 사회적 경제 기본법안을 제출하였다. 법안 제안 이유는 '대한민국이 심각한 양극화로 내부로부터의 붕괴 위기에 직면하고 있다고 진단하고, 이를 해소하기 위하여 사회적 가치(빈곤을 해소하는 복지, 따뜻한 일자리, 사람과 노동의 가치, 협력과 연대의 가치, 지역공동체의 복원, 이를 추구하는 사람들의 선한 정신과 의지)를 추구하는 사회적 경제를 활성화시킬 필요가 있고 사회적 경제조직(사회적 기업, 협동조합, 마을기업, 자활기업, 농어촌공동체회사 등)이 자생력을 갖고 지속적으로 발전할 수 있는 생태계를 구축하기 위하여 제안한 것'이라고 말한다.

해 대통령 소속의 '사회적 경제위원회'와 '지역 단위의 사회적 경제
위원회'를 신설하고 정부 내에 사회적 경제위원회를 지원하기 위한
사무국 설치는 물론 출연 기관으로 '사회적 경제원'을 설치하는 것과
심지어 사회적 경제 조직 지원을 위한 '발전기금'을 설치할 것을 규
정하고 있다. 국회의 예산정책처에 따르면 이 법안 시행 시 재정소요
액은 기금을 제외하고 순수 관련 조직을 운영하는 데에만 연간 300
억 원 이상이 될 것으로 추계하고 있다. 물론 정부나 지방자치단체에
서 우선 구매하는 비용은 제외한 것이다.

우선 제목부터 살펴보자. '사회적 경제 조직'이란 개념은 언어의
유희에 가깝다. 사회 조직이거나 경제 조직이거나 둘 중의 하나인 것
을 묘하게 합쳐 놓았다. 비영리와 영리라는 개념을 혼합시킨 것이다.
용어는 함께 사용할 수 있는 형식적인 것이지만 실제 현장에서는 양
립할 수 없는 개념이다. 1970년대에 마을공동작업장이라는 것이 전
국적으로 공공 기관 주도 아래 만들어져서 운영된 적이 있었다. 정
부가 장소를 제공하고 일감도 만들어 주었다. 마을 단위로 만들어진
공동작업장에는 일자리가 없어 생활이 곤궁한 노인들이나 청년들을
고용하였다. 물론 단순한 제품들을 생산하였지만 생산한 물건들을
사고자 하는 사람들이 없었다. 시장에서 만들어진 제품에 비해 품질
이 열악해서 제품의 경쟁력이 없기 때문이었다. 이제는 관청에서 구
매처까지 알선하는 수고를 더해야 했지만 결국은 공동작업장 사업
은 얼마 되지 않아 문을 닫고야 말았다. 경쟁력이 없기 때문이었다.
경쟁이라는 기제가 작동되지 않는 기업은 망한다는 엄연한 사실을

도외시한 것이다.

따뜻한 마음은 한 번은 그 효능을 발휘하지만 시스템으로 작동할 수 있는 기제는 아니기 때문이다. 경쟁이라는 기제가 작동하기 때문에 경쟁력 있는 물건이, 서비스가 만들어지는 것이다. 이런 원리가 작동하지 않는 기업은 기업이 아닌 것이다. 비영리란 말은 경쟁적 요소가 작동하지 않음을 의미한다. 그런 조직에 기업이라는 의미를 부여한다고 기업이 되는 것도 아니다. 그런데 용감하게도 사회적 경제 조직이라는 용어로 본질을 흐리고 있는 것이다. 사회적 경제 조직을 다른 말로 표현하면 '경쟁력 없는 경쟁력'이란 말이고 '이윤을 추구하지 않는 이윤 추구'라는 서로 양립 불가능한 개념의 호도에 불과한 것이다.

본질에 문제 있는 것은 다른 문제를 더 들추어낼 필요 없이 그 자체로 문제다. 더 나아가 이런 것들을 연구 지원하기 위한 정부 조직과 연구원을 만든다는 발상에 나는 할 말이 없다. 경제 아닌 경제를 연구하는 사회적 경제연구원을 만들면 그곳에서는 무엇을 연구하겠다는 것인지 의아할 따름이다. 기존의 경제연구원이 있고 새로 사회적 경제 연구원을 만들어 하나의 정부가 경제 연구와 경제 아닌 경제 연구를 하게 되는 셈이다. 자유민주주의의 기본 요체는 사유재산권 보호와 자유 시장경제인 것을 모르는 것은 아닐 터인데 그 발상은 헌법적 가치에서 벗어나 오해받을 소지가 있음을 알고 있는지 의심스럽다. 개별적인 일상은 자유 시장경제에 튼튼히 두 다리를 파묻고 그 자양분을 취하고 있으면서도 자기들이 생각하고 만들어야 할 세상은 그것이 아니라고 힘주어 말하는 모양새다.

영국의 명예혁명은 절대 왕권으로부터 국민의 권리를 보호하기 위한 투쟁의 결과였다면 지금의 대한민국 국회는 국회의원의 개별적 절대 권력으로부터 일반국민의 권리를 되찾아야 하는 명예혁명이 필요한 시점인지도 모른다. 사회적이라는 공격으로부터 흔들리는 자유의 소중한 가치를 지키기 위한 제2의 명예혁명이 필요한 때다. 대한민국은 자유주의에 입각한 민주주의 체제를 선택한 민주공화국이기 때문이다. 시장경제와 사유재산권으로 실현되는 자유주의는 개인의 존엄한 기본권인 스스로의 존엄을 실현하는 주체를 벗어나서는 성립할 수 없다. 권력의 집중으로부터 분산은 자유민주주의의 가장 핵심적 가치이기 때문이다.

선출직의
개혁

· · ·

선출직은 표를 많이 받는 자가 제일이다.

표는 그 나라의 수준을 결정한다.

그러나 요즘의 선출직은 차악(次惡) 선택이라는 예술이 되어 버렸다.

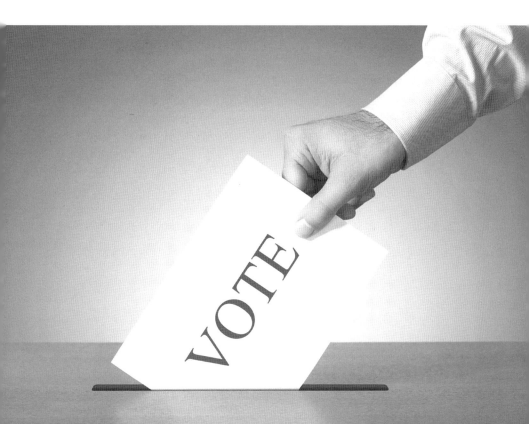

우리나라의 선거 제도에 의해 국민이 직접 선출하는
선출직 수는 모두 3,782명이다. 선거 유형별 선출직 수는 표와 같다.

총계	대통령	국회의원	시도지사	시장, 군수, 구청장	시·도 의회의원	구·시·군 의회의원	교육감	교육의원
3,782	1	245	17	228	680	2,512	17	82

＊비례대표는 제외

대통령을 제외한 선출직은 4년마다 선거를 치른다. 2년마다 총
선거와 지방선거를 번갈아 치르고 5년 주기로 대통령선거, 그리고
상·하반기 각 한 번씩의 재보궐선거가 있기 때문에 매년 선거를 치
르는 셈이다. 매년 선거가 있다는 것은 오히려 바람직하다. 대의민주
주의에 충실한 선택의 기회는 많을수록 좋다. 문제는 선거 횟수가 아
니라 선거의 결과 대표로 뽑히는 사람들의 자질의 문제이다. 누군가
는 싫든 좋든 우리들의 대표가 되어야 한다. 인류가 발명한 사회계약
가운데 가장 합리적이고 현명한 제도일 수밖에 없는 대의제도의 핵
심인 선거는 싫다고 하지 않을 수도 없는 필요악이기 때문이다.

그렇다면 선택이라는 행위에 들어감에 있어서 판단 기준에는 문제
가 없는지 살펴보자. 사람마다 후보에 대한 판단 기준은 제각각 다르
다. 투표하는 행위는 선택하는 행위로, 반복된 선택의 결과는 누적으
로 더 나빠지든 더 좋아지든 하는 방향으로 나타난다. 후보자들의 자
질은 누가 더 나쁘지 않은가라는 기준이 가장 확실한 선택 기준이 되

기도 한다. 누가 더 사심이 없는지, 누가 더 일을 잘할 것인지에 대한 판단은 사실상 어렵다. 알기도 힘들다. 거론되는 후보들 중에서 그래도 더 상대적으로 더 악하지 않은 더 나쁘지 않은 사람을 선택하는 차악(次惡)의 선택이 최선의 길이다.

그러나 현행 선거 제도는 그런 선택이 가능하도록 내버려두지 않는다. 소위 '오픈 프라이머리(open primary)'라는 국민 경선 방식과 유사한 제도를 운영함으로써 비용이 천문학적으로 크게 드는 것은 물론 국민들의 다양한 선택의 기회마저도 애초부터 박탈하고 있다. 정치라는 직업적 소용돌이 속에서 잔뼈가 굵지 않은 이상 정치라는 장에 진입하는 것은 제도적으로 어렵게 만드는 역할을 한다. 진입규제인 것이다. 일반적으로 진입규제는 경쟁을 약화시켜 정치라는 시장에서 생산하는 상품의 질을 떨어뜨린다. 권력의 분산에 역행하는 것이다. 이렇게 권력이 세습화되는 것은 사회가 퇴보하는 지름길이다. 그러나 유일하게 정치권만은 세습적 정치인을 양산하고 있다. 그것이 오히려 당연한 것처럼 받아들이는 정치권. 정치권은 그래서 경쟁력이 없는 것이다. 차악의 선택 행위마저도 제대로 행사할 수 없게 만드는 선출직의 시스템은 가장 먼저 개혁해야 할 개혁 대상인 이유이다.

공공성
인식

· · ·

사법부의 구성원들은 현재보다 더
공공성에 대한 인식을 새롭게 가져야 한다.
그것이 사는 길이다.

2005년 5월, 드디어 법원 공무원들로 구성된 법원공무원 노동조합이 발족하였다. 2000년대 초반 민주화 열기를 타고 공무원 노동운동도 불꽃처럼 타올랐고 그 결과로 공무원도 노동조합을 결성할 수 있도록 법이 개정되었다. 그 일환으로 전국 자치단체별로 공무원 노동조합이 결성되었고 노동조합 상호간의 연대와 상급 노동단체에 가입하는 등의 합종연횡이 이루어지게 되었다. 법원 공무원 노동조합은 단위 조합으로는 규모가 가장 큰 조직이었다. 특히 사법부는 특성상 대다수의 공무원이 서울에서 근무한다. 대법원과 고등법원, 서울지방법원과 서울의 각 지역별 지방법원은 물론 대법원 행정처에 속한 등기소 직원들의 대부분 근무지가 서울인 까닭에 그 수가 7천 명을 넘는다. 단일 공무원 노동조합으로는 조합원 수가 제일 크다.

법원의 공무원의 다수를 점하고 있는 법원공무원 노동조합의 강령을 보자. 강령은 총 6개 항으로 되어 있다. 공직사회의 관료주의와 부정부패 청산, 노동조건 개선과 정치, 경제, 사회적 지위 향상, 노동3권 쟁취, 국내외 단체와의 연대, 분단된 조국의 자주, 민주, 평화 통일 지향, 그리고 사회 불평등 해소와 인간의 존엄성 실천이 그것이다. 마치 정치적 정당의 강령과 유사하다. 국민에게 제대로 된 공공 서비스를 제공하겠다는 결의나 다짐은 보이지 않는다. 공무원의 가장 핵심적인 존재 이유에 대한 내용은 쏙 빠져 있는 것이다. 법원공무원이 존재하는 이유는 사회 불평등 해소도 아니고 민족의 평화통일도 아니며 더군다나 인간의 존엄성을 실현하는 국제 자선단체도

아니다. 그 일은 다른 조직이 해도 충분하다. 법원공무원도 국민이
낸 세금으로 보수를 받는 사람들이라는 본질은 변함이 없다. 공공성
에 대한 인식은 사법부를 포함한 모든 공직자들의 존재 이유이기 때
문이다.

다원주의의
힘

● ● ●

동일한 단색보다 다양한 색이 한데 어우러져
조화를 이루는 것이 아름다움의 본질이다.
아름다운 것과 창조와 발전은 동일 단어다.

2002년 월드컵이 한창이던 6월 초 이른 새벽, 서울시청 건물 후문 한쪽에 설치한 원두막에는 대여섯 명의 고등학생이 웅크리고 잠을 자다가 깨어나 기지개를 켜고 있었다. 전남의 어느 고등학교 2학년 같은 반 친구들은 시청 앞에서 펼쳐진 거리응원 무대의 앞자리를 차지하기 위해서 전날 밤에 기차를 타고 올라와 이곳 원두막에서 노숙을 한 것이다. 그들의 표정은 즐겁기 이를 데 없을 뿐 아니라 이제 몇 시간 후 펼쳐질 길거리 응원에서 목청껏 응원할 생각에 피곤한 기색마저도 보이지 않았다. 온 나라가 월드컵 거리 응원으로 들썩였고 언론도 마치 우리나라 온 국민이 하나가 된 것처럼 그 모습을 연일 보도하느라 여념이 없었다. 그 열기 속에서 고등학생들의 일탈은 묻혀 버렸다. 그들이 그 시간에 있어야 할 자리는 시청 광장이 아니라 학교 교실이었는데도 그 시간에 함께 소리 높여 대한민국을 외치는 함성에 그들의 본분도 망각하게 된 것이었다. 커다란 사회적 분위기에 휩쓸리는 현상을 혹자는 사회적 에너지라고 미화한다. 열기나 광기가 에너지로 둔갑한 것이다.

여기서 더 나아가 방송에서는 미국 로스엔젤리스의 도심 속 식당 앞마당을 비추고 있다. 시간은 새벽 4시. 카메라는 목에 빨간 머플러를 두르고 대한민국을 목청껏 외치는 일련의 군중을 클로즈업한다. 주변은 고요한 주택가이다. 이미 본토인인 주민들은 곤히 잠들어 있을 시간이다. 그러나 방송사 기자는 이곳 미국 땅에서도 대한민국을 응원하는 열기가 로스엔젤레스의 새벽을 깨우고 있다고 침이 마르도록 흥분하여 보도한다. 단일 민족이기 때문에 함께 열광할 수 있다는 것을 자랑스럽게 여기며 함께 들떠서 보도한다. 마치 대한민국의 열기를 위해 모든 세계인들은 현재의 불편함을 감내하는 것은 당연한 것처럼 그렇게 분위기를 만들어가고 있었던 것이다.

　단일 민족에 대한 또 하나의 웃지 못할 이야기가 하나 더 있다. 미국 프로축구 선수 중에 한국인 어머니와 미국인 아버지 사이에서 태어나 미식축구 선수 중 가장 핵심적 위치인 쿼터백으로 유명해진 하인스 워드(Hines Ward)라는 이가 있었다. 한국인 2세로서의 성공 신화를 쓴 흑인계 아시아인인 셈이었다. 당연히 그의 감동적인 성공 스토리는 우리나라에서 큰 반향을 불러일으켰고 우리나라에 들어와서 살고 있는 동남 아시아계 신부들에 대한 관심으로 이어졌다. 소위 다문화가정에 대한 사회적 관심이 촉발된 것이다. 2004년 당시 남북 고위 장성급 대화의 자리에서 대한민국의 대표가 다문화에 대한 서두를 꺼냈고 이에 대해 북한 측 대표는 단일 민족의 순수성을 해하는 주범이 바로 대한민국인 것처럼 공격을 가했고 급기야 북한 노동신문에까지 단일 민족의 혈통을 더럽히는 행태라는 비난까지 이어지게 된 것이었다. 다민족 다인종 사회를 지향하는 것은 민족말살 정책이자 반민족적 민족부정론이고 나아가서 통일을 부정하는 반통일 논리라는 것이다.[20]

　다문화주의는 문화다원주의와 구별된다. 다문화주의는 다양성을

20　2006년 4월 27일자 노동신문에서는 다민족정책이 우리민족끼리의 통일논리에 반하는 친미매국세력의 반민족사관이라고 맹비난하고 있다. 한마디로 대한민국은 민족 우선에 반하는 다문화 정책을 폄으로써 남조선을 이민족화, 잡탕화, 미국화하려고 획책하고 있다고 주장했다.

억지로 강제하지 않는다. 문화적 동화주의와는 다른 것이다. 북한의 주장처럼 특정 문화에 동화되어 민족문화가 말살되는 것이 아니라 각자의 정체성을 인정하고 함께 어우러짐으로써 더 나은 삶의 깊이를 더해가는 사회적 질서를 창조하는 것이다. 문화다원주의는 주류적인 문화를 전제한다. 그 사회의 질서를 견인하는 핵심적 문화가 존재하며 문화의 다원성과 다양성이 존중되는 것이다. 우리나라는 그런 의미에서 문화다원주의에 가깝다고 할 수 있다. 다양한 문화가 함께 공존하는 사회는 각각의 문화에서 배어나오는 에너지를 잘 결집하면 사회발전의 원동력으로 작동할 수 있는 것이다.

종교적 다원주의 또한 이러한 조화와 에너지의 원천으로 작동할 수 있는 힘을 가지고 있다. 종교의 일차적 특성인 배타주의와 포괄주의를 넘어서 종교 일반에 자리하고 있는 정신, 즉 자유와 자아 존중, 그리고 인간의 존엄성을 추구하는 영적인 문화자원을 가지고 있다. 때문에 종교적 다원주의는 사회발전의 원동력으로써 충분한 에너지를 발산할 수 있다. 다원성은 선택의 다양화를 통한 영적인 재원으로 작동한다. 단일 종교를 택했던 과거의 역사에서는 볼 수 없는 삶의 존재에 대한 다양한 성찰이 가능해지는 것이다. 관건은 종교적 배타주의를 뛰어넘을 것을 전제하고 있다는 것이다.

다원주의는 종교든 문화든 인종이든 구분 없이 갈등과 경쟁이라는 긴장관계 속에서 새로운 긍정적 에너지를 창조하는 원천이 된다. 다원주의는 권력의 분산과도 일맥상통한다. 다원주의가 꽃을 피우지 못한 시기에는 어김없이 전체주의나 절대주의가 창궐하여 그 폐해가 전 인류에 미쳤던 경험을 가지고 있다. 현대에 들어와서도 단일화된 문화나 종교, 사회는 다양성이라는 분산된 권력이라는 요소와 배치되어 사회적인 문제를 유발하는 요인으로 작용했다. 개발도상국들의 절대 권위주의체제의 경험은 이를 잘 반증하고 있다.

다원주의는 경쟁이라는 요소를 반드시 전제한다. 경쟁하는 집단 간의 협상과 타협 또는 경쟁에의 수용으로 나타나는 것이 바로 공공정책의 결과물인 것이다. 국민들은 여러 가지 상충되거나 경쟁 관계 속에 있는 결사나 연합체로써의 권력을 대리하여 행사한다. 선거와 조직에의 참여를 통해 권력을 경쟁 관계 속에서 행사하는 것이다. 매년 이루어지는 선거에의 참여는 바로 다원주의의 구체적 발현인 셈이다. 권력 엘리트에 의해 지배되는 사회가 아닌 독립적인 이익집단이나 결사들 간의 경쟁을 통해 자원배분 또는 권력이 나누어지는 사회가 진정한 다원주의의 본래의 순기능이고 또한 그러한 방향으로 사회가 진전되어 나가는 것이 공공의 선이다.

다양성의 순기능은 창조의 가능성과 연결되어 있다는 데에 있다. 다양성이 순기능을 하기 위한 전제조건은 경쟁의 보장이다. 경쟁이 보장되지 아니한 다양성은 혼란을 양산한다. 경쟁은 사회발전을 견인하는 창조를 만들어내는 원동력이다.

정부의 미래

귀장(歸裝)과 쇄락(灑落)

과거가 미래에 의해 부정되듯이 현재는 미래에 의해 번복될 것이다. 그래서 현재 많은 사람들이 받아들이는 생각들 가운데 상당수도 미래의 어느 시점에서는 폐기될 것이 거의 확실하다.[21] 권력도 이와 다르지 않다. 과거의 권력이 미래의 권력에 의해 부정되듯이 현재 다수의 사람들이 권력으로 받아들이고 있는 상당수의 것들은 미래의 어느 시점에서는 반드시 폐기되고 부인될 것이 거의 확실하다. 이러한 권력의 한시성은 다산 정약용 선생의 해관육조(解官六條)를 들여다보면 더 명확해진다. 권력에 임하고 물러날 경우에 어떻게 처신해야 하는지를 극명하게 밝히고 있다.

다산은 수령이 부임할 때는 봉공(奉公)과 애민(愛民)의 마음으로 선정을 펼치고, 퇴임 시에는 다음과 같은 6가지의 마음가짐을 지닐 것을 해관육조에서 정리하고 있다. 즉, 권력에서 벗어날 때의 마음가짐

---

21 존 스튜어트 밀(John Stuart Mill)의 〈자유론〉 중 '생각과 토론의 자유' 중에서 나온 말이다.

을 일깨우고 있는 것이다.

첫째는 체대(遞代), 즉 임무교대다. 임무교대를 할 때는 다음과 같은 마음가짐을 가져야 한다고 다산은 말한다. "천박한 수령은 관아를 자기 집으로 알아 오랫동안 누리려 한다. 그러다가 퇴임이나 교체 통보가 오면 마치 큰 보물이라도 잃어버린 듯이 여긴다. 그러나 현명한 수령은 관아를 여관으로 여겨 항상 떠날 준비를 한다. 행장을 꾸려 놓아 마치 가을 새매가 가지에 앉아 있다 훌쩍 날아갈 듯이 한다"라는 것이다. 처음 관직에 임할 때는 공평무사한 마음을 변치 않겠다고 다짐하지만 수개월이 지나면 그 자체의 권력에 심취하고 만다. 그래서 그에게 잠시 위임된 권한을 자기 것으로 착각하게 되는 것이다. 그래서 떠날 때 아쉬운 것이다. 그러하니 다산의 말처럼 보물을 잃어버린 듯 아쉬워하는 것이다.

둘째는 귀장(歸裝)이다. 이임하는 수령의 이삿짐은 가벼워야 한다는 말이다. "맑은 선비의 돌아갈 때의 행장은 조촐하여 낡은 수레와 야윈 말뿐인데도 그 산뜻한 바람이 사람들에게 스며든다." 재임 중에 모아둔 재물을 바리바리 싣고 가지 말라는 얘기다. 어느 자리에 가든 공무를 보는 책상에는 사물을 두지 말아야 한다. 공무를 보는 곳에 사물이 있으면 공심이 아닌 사심이 생긴다. 그를 경계하는 것이 바로 다산의 가르침일 것이다. 그러나 현재는 어떠한가. 서울에 근무하는 서울에 집이 있는 기관장들이 서울에 관사가 있다는 사실은 아직도 공무와 사무를 제대로 구분하려면 멀었다는 생각이 드는 것은 나만의 생각일까. 치부를 드러내는 것이 아니다. 아직도 둔감한 공공 의식 탓이거나 아예 공공 의식이 없는 탓일 것이다.

셋째는 원류(願留)로, 백성들이 수령의 인품과 선정에 감동해 가는 길을 막고 유임을 간청할 정도가 돼야 한다는 것이요, 넷째는 걸유(乞宥)로, 수령이 형식적인 문서나 법령을 위반했을 때 백성들이 몰려가 임금께 용서를 비는 것으로, 평소 수령에 대한 백성들의 사랑을 보여 주는 것이며, 다섯째는 은졸(隱卒)로, "수령이 재직 중 죽으면 고결한 인품이 더욱 빛나서 아전과 백성이 상여에 매달려 울부짖고 오래도록 잊지 못하는 것"을 말하고, 마지막은 유애(遺愛)로, "죽은 뒤에도 백성들이 그를 사모해 사당을 세우고 제사를 지내면 그가 백성에게 사랑을 남겼음을 알 수 있다"라는 것이다. 지금 상황에 비추어보면 원류나 걸유, 은졸, 유애의 수준은 기대할 바가 못 된다. 그런 경지에 오른 공직자를 기대한다는 것은 꿈 속에서나 가능할지 모른다. 체대와 귀장의 정신만이라도 제대로 지켜진다면 더 바랄 것이 없다.

전남 담양에 소쇄원이라는 정원이 있다. 그곳에는 광풍각(光風閣)이라는 정자와 제월당(濟月堂)이라는 한옥이 있다. 중국 송나라 때 시인 황정견(黃庭堅)이 당시 성리학자였던 주돈이(周敦頤) 선생의 인품을 흠모하여 지었다는 시의 내용을 본따서 정자와 한옥의 이름을 지었음이 분명하다. 소쇄원이라는 별장은 조선 중종 때 조광조의 문하생이었던 양산보가 조광조가 기묘사화로 화를 당한 후에 고향에 내려와 은거하며 살던 곳이었다. 세상과의 연을 끊고 두문불출하며 자연과 벗 삼아 지내던 그가 송나라 때 성리학의 존경 받던 학자의 쇄락(灑落)[22]한 마음을 흠모하여 삶의 사표로 삼았다고 한다. 무더운 한

여름 낮 동안의 뜨거운 열기와 습기를 가득 머금은 바람이 온 대지를 뜨겁게 달구다가 우레와 함께 쏟아지기 시작한 장대비, 밤이 깊어 오랫동안 내리던 비가 멈추고 상쾌한 바람이 얼굴을 매만질 때, 맑은 하늘에 밝게 빛나는 달이 그 빛을 온 세상에 부드럽게 발산하고 있다. 이것은 '광풍제월(光風霽月)'이다. 그래서 옛사람들은 온갖 시름과 고뇌가 씻은 듯이 사라져 맑아진 마음 상태를 '쇄락'이나 '광풍제월'에 비유했다.

실천적 의미에서의 정치의 궁극적 목표와 도달하고자 하는 경지가 바로 국민들에게 쇄락의 맑고 상쾌한 기운을 맛보게 하는 것이다. 국민의 마음에 청량함이 스며들어 상쾌해지게 만드는 것이 정치의 본질인 것이다. 다산의 귀장의 정신만이라도 제대로 실천하는 공직자들이 많아진다면 상당 부분 국민들이 쇄락의 경지를 맛볼 수 있을 것이다.

사실 어찌 보면 권력이라는 용어는 합당하지 않다. 누가 공직자에게 권력을 주었는가. 잠시 위탁한 것인데 현실은 자기 것인 양 그 권력을 행사하는데 문제가 있는 것이다. 주어지지 않은 권력을 행사하는 것 자체가 불법이다. 불법을 바로잡는 권한은 국민에게 있다. 그 방법은 가능한 권력을 국민에게 분산하는 것이다. 나누어진 권력은 절대 부패하지도 남용되지도 않을 것이기 때문이다.

---

22 쇄락(灑落)이라는 말은 기분이나 몸이 상쾌하고 깨끗한 상태를 일컫는 말로, 송나라 때 시인 황정견(黃庭堅)이 당대 성리학자 주돈이 선생의 인품을 흠모하여 지은 시 중 '흉회쇄락(胸懷 灑落)'이라는 구절에서 유래되었다.

글을 맺으며

이제 결론을 내려야 할 때다. 공직자의 눈이 얼마나 중요한지에 대한 논의를, 그들이 세상을 보는 눈을 어떻게 가져야 하는지를 최종 정리하여야 한다. 수많은 공직자들이 공공 부분에 몸담아 각각 나름대로의 역할을 다하고 물러났지만 그 누구도 스스로를 도마 위에 올려놓고 들여다보지 않았다. 불편하고, 힘들고, 마음이 썩 내키지 않기 때문이다. 스스로의 시각을 점검하고 비판하는 것은 용기 이전에 비정상적인 일이며 비윤리적인 일이라고까지 치부되었기 때문이다. 그러나 알고서도 이야기 않는 것은 모르는 것보다 훨씬 잘못된 일이다. 더욱 비정상적이며, 비윤리적이며, 비겁하기까지 하다고 할 수 있다. 스스로의 존재감을 허물어뜨리는 일일 수도 있기 때문이다.

이제 만인이 바라다보는 시선과 시각을 교정할 때가 된 것이다. 공공 부문의 존재 이유를 다시 정립해야 한다. 제레미 벤담의 판옵티콘의 중앙탑에서 원형의 감옥 방들을 둘러다보는 편방향 시각에서 벗어나 원형의 360도 각도 어디서든지 지켜보고 있는 눈들이 존재한다는 것을 항시 자각해야 한다. 이제 지켜보는 입장이 아닌 바라다보이는 존재인 것이다. 그것은 억울한 일도 비정상적인 것도 아니다. 지극히 당연한 현상인 것이다. 다만 그것이 당연함에도 공직 속으로 들어가면 그것을 생각하기가 쉽지 않다. 조직 자체의 논리에 빠져들고 급기야 그것이 오히려 당연한 것으로 받아들여진다. 그것을 헤쳐 나오기란 그리 만만치 않다. 그런 생각을 할 겨를도 없거니와 그런 생각을 한다는 것이 어떤 경우에는 조직의 이단적인 사고로 비춰지기도 한다. 그래서 일부 정책들이 국민들의 시각과는 동떨어진 형태로 형성이 되고 집행이 되기도 한다. 결국 국민들로부터 외면당하는 정책이 되는 것이다.

그 예를 하나만 들어 보자. (이 사례는 어느 특정 정부의 정책을 폄훼하고자 하는 것이 아니다. 어느 정부든 이런 유의 사례는 얼마든지 있고, 더군다나 동일한 정책 내용이 새로 포장되어 이름만 달리한 채 지속되는 경우도 있기 때문이다.) 주택 정책 중에 행복주택이라는 정책이 있다. 그 취지는 도시에서 신혼부부나 대학 재학생들의 열악한 주거 문제를 해결하고자 도심 내에서 도시철도나 유수지 등 도심 공공 시설의 상부 공간에 작은 평수의 아파트를 건설하여 이들에게 일정 기간 임대 후 분양하는 제도다. 아주 좋은 취지다.

원하는 모든 젊은 신혼부부와 대학생들에게 작지만 그들의 생활 근거지 인근에 보금자리를 마련해 줄 수 있다면 그렇다. 그런데 안타깝게도 원하는 모든 이들을 다 수용할 수 있는 물량을 공급하는 것은 장소도 장소이거니와 돈도 엄청난 규모로 들어간다. 2014년에 추진된 행복주택 규모는 5천억 원에 1,250가구다. 한 채당 4억 원 꼴이다. 그 마저도 2014년에 착공된 곳은 2개 지역에 500여 가구에 불과하다. 그렇다면 이러한 방식이 올바른 것인가 하는 의문이 당연히 제기되어야 한다.

모든 사람을 대상으로 정책을 세웠지만, 실제 이 정책으로 수혜를 보는 사람이 극소수에만 미치는 정책은 세금을 들여서 하는 것은 맞지 않다. 세금으로 이루어지는 정책에서 수혜를 받는 사람들이 로또처럼 이익을 보게 하는 제도라면 당첨된 사람을 위해서만 세금을 쓰는 결과를 초래하는 것이기 때문이다. 정책으로 인해 일부 극소수만이 혜택을 입는 것은 더 이상 정책이 아니다.

그런데도 이러한 정책들이 선거 때만 되면 난립하는 이유는 무엇인가. 그렇다. 국민들의 착시를 이용한 것이다. 나도 해당이 될 것 같은 착시를 활용한 이러한 정책의 탄생은 정치인들에게는 아주 매력적인 사안이기 때문이다. 사실상 주거 문제를 계층별로 분류해서 추진한다는 것 자체가 넌센스이다. 주택에 노인만을, 장애인만을, 신혼부부만을, 대학생만을 위한 것이 실제로 존재할 수 있는지 의문이다. 도대체 그렇게 구분할 수 있다는 환상을 국민들에게 심어주는 기술이 놀랍다. 현실에서는 그렇게 분류될 수 없다는 것을 조금만 깊이 생각하면 알 수 있는데도 말이다.

이처럼 국민들의 시선과 시각을 반영하지 못하는 정책 내용들은 무수히 존재한다. 아니 국민들의 시각과 시선을 역으로 홀리는(?) 정책들로까지 발전되었다. 이제는 시선과 시각을 국민들의 시선으로 다시 바로잡고 새롭게 태어나야 한다. 그렇게 하려면 누군가 100만 인의 시선과 시각을 교정해주는 사람이 필요하다. 그 사람은 누구인가? 그렇다. 올바른 지도자만이 이러한 시각과 시선을 교정해 줄 수 있다. 현 자유민주주의시스템 하에서는 국민의 손에 의해 선출된 지도자만이 이 일을 할 수 있다. 그 지도자는 반드시 나타나야 하고, 그래야만 우리나라가 살 수 있다. 그런 지도자가 나타나길 학수고대하는 것은 나 혼자만의 이기심의 발로는 아닐 것이다. 진정으로 나라를 걱정하는 모든 국민들의 바람일 것이기 때문이다.

1편 그것은 알고 있다
- 외로운 순백의 대리석 _배병수
- 적막한 휴일 _배병수
- 한복을 입은 과거와 미래 _배병수
- 쟝 데르를 찾아서 _배병수
- 나뭇가지와 새 _목영만

2편 시선과 시각의 차이
- 우리는 보인다 _By I, Friman. Licensed under CC BY–SA 3.0 via Commons
- 잠수교 _배병수
- 가로등의 비밀 _배병수
- 신호등의 경제학 _배병수
- 소피아의 눈으로 _shutterstock.com
- 지하 세계 _a katz / shutterstock.com
- 그림이 아름다운 이유 _배병수
- 종묘의 보여줌의 미학 _배병수
- 폐철도의 업사이클링 _배병수
- 성공의 의미 _shutterstock.com

3편 정부를 보는 눈
- 세 가지 중 하나 _shutterstock.com
- 룰의 근원과 본질 _shutterstock.com
- 조직 개편의 진실 _shutterstock.com
- 부처 간 중복 업무 _shutterstock.com
- 불편한 진실 _shutterstock.com
- 독임제의 폐단 _shutterstock.com

- 울타리에 갇힌 시선 _shutterstock.com
- 유연한 조직 _shutterstock.com
- 기관장의 역할 _배병수
- 우리 회의했어요 _shutterstock.com
- 법률과 시행령의 차이 _shutterstock.com
- 시행규칙, 조례, 조례시행규칙의 한계 _shutterstock.com

4편 신뢰를 말하다
- 2014년 4월 16일 _배병수
- 공무원에 대한 신뢰 _shutterstock.com
- 정부에 대한 신뢰 _shutterstock.com
- 신뢰를 좌우하는 변수들 _배병수
- 신뢰를 높이는 방안들 _배병수
- 채용의 중요성 _shutterstock.com
- 교육의 중요성 _shutterstock.com
- 정책의 일관성 확보 _목원제

5편 신뢰의 현장 속으로
- 현장 속에 답이 있다 _배병수
- 현장 마비 보고 체계 _shutterstock.com
- 대형 사고의 본질 _shutterstock.com
- 요령 없는 사회 _shutterstock.com
- 규제의 악순환 _shutterstock.com
- 공적 간여의 요구 _shutterstock.com
- 공적 간여의 참사 _shutterstock.com
- 할 일, 말 일 _shutterstock.com

- 전염병 제로 대처 _shutterstock.com
- 솔선수범 충전소 _배병수
- 님비 현상 해결 _shutterstock.com
- 청계천에 흐르는 물 _배병수
- 집이 있는 무주택자 _배병수
- 소용없는 물가 지도 _shutterstock.com
- 결과 없는 시장 활성화 _배병수
- 가난한 부자 _shutterstock.com
- 경쟁체제 물 흐리기 _shutterstock.com

6편 작은 정부가 답이다

- 부서협업 _shutterstock.com
- 기관축소 _shutterstock.com
- 유연한 직업 분류 _shutterstock.com
- 중앙 부처 재정리 _shutterstock.com
- 늘이고 줄이고 _shutterstock.com
- 상시 조직 개편 _shutterstock.com
- 제3섹터의 운명 _shutterstock.com
- 본질을 생각하라 _shutterstock.com
- 상식을 생각하라 _배병수
- 과감한 개혁 _shutterstock.com
- 형식 종료 _배병수
- 다수결의 기본 _shutterstock.com
- 제2의 명예혁명 _shutterstock.com
- 선출직의 개혁 _shutterstock.com
- 공공성 인식 _shutterstock.com
- 다원주의의 힘 _배병수

신뢰의 발견

1판 1쇄 발행 2016년 1월 7일
1판 2쇄 발행 2016년 2월 19일

지은이 목영만

발행인 양원석
본부장 김순미
책임편집 유정윤
사진 배병수, 셔터스톡(shutterstock.com) 외
디자인 이창욱
해외저작권 황지현
제작 문태일
영업마케팅 이영인, 양근모, 정우연, 이주형, 김민수, 장현기, 정미진, 이선미

펴낸 곳 ㈜알에이치코리아
주소 서울시 금천구 가산디지털2로 53, 20층(가산동, 한라시그마밸리)
편집문의 02-6443-8800 **구입문의** 02-6443-8838
홈페이지 http://rhk.co.kr
등록 2004년 1월 15일 제2-3726호

ⓒ목영만, 2016
Printed in Seoul, Korea

978-89-255-5813-4 (03300)